西藏睡夢瑜伽

丹津・旺賈仁波切 作
Tenzin Wangyal
林如茵 譯

The Tibetan Yogas of Dream and Sleep

看看自己在夢中的狀態，

就會明白自己面臨死亡時可能的遭遇；
看看自己透過夢修的睡眠狀態，就能知道自己的修行程度。

謹以本書獻給南開・諾布（Namkhai Norbu）仁波切，
在我的教學和個人修持方面，
他都為我的生命帶來極大的啟發。

目次

第三部　夢瑜伽的修持……95

夢瑜伽依據的是清醒生活時我們運用自心的狀態。
我們如何運用自心，會決定睡覺時做夢的種類與清醒時的生活品質。

第四部 睡眠 175

夢瑜伽培養的是與夢中影像之間的清明關係，但是在睡眠瑜伽中，並無影像，它是覺知直接認出覺知。

第五部 睡眠瑜伽的修持 185

睡眠瑜伽不只是睡眠的修持，它是貫穿清醒、睡眠、禪修和死亡的四種狀態，修行者能持續地安住在無二覺性的一種修持。

第六部 詳述

這部內容是有關於睡夢瑜伽的附加釋論，
用意是幫助大家建立對於修持的認識。

前言

西藏有句名言說道：「為了斷除對於純正教法和傳承的疑惑，說明傳承和歷史是有必要的。」因此，在本書的開端，我會做簡短的自我介紹。

在我的父母逃離中國對西藏的鎮壓後不久，我就出生了。當時的環境很糟糕，我被父母安置在一所基督教的寄宿學校，他們希望我在那裡能夠獲得照顧。我的父親是一位佛教上師*（lama），母親則是苯教*（Bön）的修行者。父親在不久之後往生了，母親後來便與一位苯教上師結婚。繼父和母親希望我可以在自己的文化下成長，於是我在十歲時，便被帶到印度朵藍吉（Dolanji）一所重要的苯教寺院，並受戒成為僧人。

在寺院住了一段時間之後，洛本（Lopon，意為「教授師」〔Head Teacher〕）．桑傑*．丹津（Sangye Tenzin）仁波切認證我為昆度（Khyungtul）仁波切的轉世，昆度仁波切是一位知名的學者、老師、作家和禪修大師。他是一位有名的占星大師，在西藏西部和北印度是位廣為人知的降魔者，也是廣受歡迎具有神奇之力的治療師。他有一位主要功德主是北印度喜馬偕爾邦（Himachal）的國王，國王和皇后因不孕而請求昆度仁波切為他們治療，後來他們生下一個兒子，並將他撫養成人，他就是現今喜馬偕爾邦的首長維爾巴度（Virbhardur）。

我的大恩根本上師洛本・桑傑・丹津是一位博學者和證悟者。在我十三歲時，他準備要教導苯教中最重要的、密傳的教法，即「象雄年居」*（Zhang Zhung Nyan Gyud）的大圓滿*（Dzogchen）傳承口傳。當時我還很年輕，繼父前往拜見洛本仁波切，請求上師在往後三年的每一天都讓我接受這個教法。教授師慈悲地應允，但是他要求我與那些將要一起學習的弟子，將開課前一晚的夢境告訴他，他會透過夢來判斷我們是否已經準備就緒。

有些學生記得自己並未做夢，這種情況會被視為是一種障礙的徵兆。教授師會要這些學生開始做符合需要的淨化修持，直到每位學生都有做夢，才會進行教法的開示。而其他學生的夢會被視為是某種徵兆，他們需要進行某些特定的修持，才能讓自己準備好接受這些教法，例如要做增強與苯教護法*（guardian）連結的修持。

我夢到一輛公車繞行老師的房子，儘管那裡其實並無道路。在夢中，公車的車掌是我的朋友，我站在他身邊，把車票遞給每位乘客，而車票是一張寫有藏文種子字「ཨ」（音「啊」，見第103頁）的紙。這個夢發生在我於朵藍吉念書的第二或第三年，當時十三歲的我並不知道「ཨ」字是大圓滿教法中最重要的象徵。我的老師對於這個夢並未發表任何意見，那是他的方式，他幾乎不說什麼是好的。但是對我而言，只要能聽聞開示就很開心了。

在西藏的心靈傳統中，上師會用這種方式觀察弟子的夢，然後決定弟子是否適合接受某個特殊的教法，這種方式很常見。雖然我在一段時間之後才開始學習和修持夢瑜伽，但是這件事情引起我對於夢的興趣。西藏文化和苯教十分注重夢，認為無意識層面的訊息通常會比有意識的心所發出的訊息更有價值，這些都讓我印象深刻。

在三年的學習中，我和同學一起進行多次閉關，也獨自閉關了許多次。在這之後，我進入寺院的辯經學校，學習課程通常需要九至十三年才能畢業，其中包括傳統的訓練。我們學習了學校的共同科目，例如文法、梵文、詩、占星學和藝術，還有一些非共同科目，例如認識論、宇宙論、經典*（sutra）、密續*（tantra）和大圓滿。在寺院的訓練期間，我領受許多與夢有關的教法和口傳，最重要的是以「象雄年居」、《母續》（*Mother Tantra*）和夏爾扎（Shardza）仁波切的法本為主。

我在學業方面表現優異，十九歲時受邀開始教導他人。大約在同一個時期，我撰寫並出版苯教創始者仙饒*．米沃（Shenrab Miwoche）尊者的略傳。後來我成為辯經學校的校長，在擔任校長的四年期間，我非常地投入於學校的計畫和發展。一九八六年時，我獲得了格西（Geshe）學位，這是西藏寺院教育中的最高學位。

一九八九年時，我因義大利南開．諾布（Namkhai Norbu）仁波切大圓滿學院（Dzogchen Community）的邀請而前往西方。雖然我並未打算授課，但是大圓滿學院的學員請我教課。

有天我發給學員們一張修持禪定的小紙，每張紙上都寫上一個西藏的種子字「ཨ」。就在那時，我想起十五年前自己發車票給乘客的那場夢，突然之間，我恍然大悟。

我一直待在西方，一九九一年時，我獲得洛克斐勒獎學金（Rockefeller Fellowship）的資助到萊絲大學（Rice University）作研究。一九九三年，我在西方出版第一本書《神奇的本然心》（*The Wonders of the Natural Mind*），在書中，我試著以最清楚、簡單的方式呈現大圓滿教法。一九九四年，我獲得國家人文研究捐贈基金會（The National Endowment for the Humanities）的獎學金，資助我與萊絲大學的宗教研究主席安·克萊因（Anne Klein）教授合作進行苯教傳承的因明（邏輯）與哲理方面的研究。

所以，我的學術層面已經持續地開展，然而，修持永遠是更為重要的。在這段時間，我對於夢和「夢修持」（dream practice）一直都很感興趣。我的興趣不僅限於理論層面，我很信任自己的夢的智慧，這個影響來自於早年老師們和母親的夢的體驗，以及苯教傳統運用夢的方式，而且在過去十年中，我一直密集地修持夢瑜伽，每晚上床時都感覺到解脫。一天的忙碌結束了，有些晚上的修持很成功，有時則不然，直到修持很純熟之前，這些結果都是無法預料的。然而，我幾乎每晚上床時都抱持著要達成「夢修持」的想法。這是來自於我個人的修持體驗，也是我在前面提到三本法本中開示的方法，本書會給予這些教法的教導。

《西藏睡夢瑜伽》（*The Tibetan Yogas of Dream and Sleep*）是我過去數年在加州和新墨西哥州的講學內容，書中也保留了講學中部分的非正式內容。有些詞彙在第一次出現時會標上

「*」，你可以在書末的「詞彙表」中找到解釋。

夢瑜伽是我自己修持進展中的主要方法，西藏的許多大師和瑜伽士*（yogi）也是如此，例如夏爾扎仁波切的故事，就一直讓我印象深刻。夏爾扎仁波切是一位偉大的西藏成就者，他在一九三四年圓寂時證得了虹光身*（jalus），這是全然了悟的一種徵兆。在他的一生當中，擁有許多已經成就的弟子，並撰寫許多重要的法本，利益了他當時居住的國家。我們很難想像以他的外在生活能完成那麼多事情，為了利益他人，他完成了許多責任和長期計畫，而且在心靈修持上仍能達到如此的成就。他之所以能夠如此，那是因為他並非在白天的一部分時間是作家，而另一段時間是老師，然後剩下的幾個小時又是修行者。對他而言，無論是禪坐、寫作、教學或睡覺，這所有的生活都是修行。他曾寫道，「夢修持」是他心靈之旅的重要核心，而且是引導他達到證悟不可或缺的修持。我們也可以像他一樣。

導言

我們的一生有三分之一的時間都在睡覺。無論我們從事什麼行業，我們的行為是善或惡，我們是殺人犯、聖人、僧侶或放蕩不羈的人，都是以同樣的方式結束每一天——我們閉上雙眼，然後消失在黑暗中。我們毫無畏懼地這麼做，甚至被認知為「我」的一切事物都消失了，在入睡一陣子後，影像產生了，「我」的感覺在影像中生起，我們再度活在一個看似無限的夢的世界裡。

每天晚上，我們投入於心底最深處的祕密之中，從一個體驗轉移到另一個體驗，我們失去「我」的感覺，隨後又在夢中找回來，而且把這一切都視為理所當然。我們早晨醒來繼續過著「真實」(real) 的生活，但是就某種意義而言，我們仍然在睡覺和做夢。教法告訴我們，我們可以日夜繼續過著這種迷惑和夢境般的生活，或者可以選擇開始了解實相。

修持睡夢瑜伽而達到證悟

一旦開始修持「睡夢瑜伽」（sleep and dream Yogas），我們就成為悠久傳承的一部分。幾個世紀以來，男性和女性的修行者都做過同樣的修持，他們碰到跟我們相同的疑惑和障礙，獲得我們也能得到的利益。許多高修證的上師和成就的瑜伽士都以睡夢瑜伽作為主要的修持，並因而達到證悟。想一想這些歷史，並且記得這些人奉獻其一生在教法上，這些心靈祖師透過教法而將自己的修持成果傳遞給我們。當我們如此思惟時，就能增長自己對於傳承的信心和感恩之心。

有一些西藏上師會覺得很好奇，為什麼我要對那些並未修持特定前行法或未有相當了解程度的西方人教導這些教法？傳統上，這些教法是祕密教法，教法之所以祕密，一方面是表示尊重，另一方面是保護那些未準備好的修行者，避免他們因為不了解而誤解。睡夢瑜伽從未公開被教授，也不會輕易地被傳授，而是預留給已經準備妥當要領受此教法的修行者。

這些修持的力量和價值並不會比以往遜色，但是現今世界的情況已經改變了，所以我嘗試不同的作法。我希望透過開放和簡易的方法，將有力的教法傳授出去，讓睡夢瑜伽的傳統獲得良好的保存，也有更多人能從中獲益。但是尊重教法是很重要的，因為在保護教法的同時，也能更增益我們自己的修持。閱讀這些修行方法是很好的，但是請儘量地從純正的上師處直接領受這些教法的口傳，這會增強你與傳承的連結。此外，我們很容易在修持道上碰到難以靠自己力量克服的障礙，因此一位有經驗的老師能指出你的問題，並加以去除。請不要忘記這個重點。

我們人類的生命很珍貴，有暇滿的身心，具足完全的潛能。我們可能已經遇到上師並且領受教法，享受著遵循心靈之道的自由。我們知道修持對於心靈之旅和利他的祈願很重要，也知道生命稍縱即逝，死亡一定會到來，然而在繁忙的生活中，我們雖然想要修持卻力不從心。我們也許一天禪修一、二個小時，但其餘的二十二個小時都是處在散亂中，並且在輪迴*（samsara）的浪濤中浮浮沉沉。但是，我們總是有睡覺的時候，一生中有三分之一的時間花在睡眠上，於是我們可以用來修持。

本書的要旨是，我們可在生活中的時時刻刻，透過修持來培養更高的覺知。如果覺知增長的話，我們就能繼續地自由自在，比較不會受慣性的佔有和散亂所掌控。有了穩定和鮮明的覺知，我們就能更加善巧地選擇正面的態度回應一切，以最為利益他人和自己心靈之旅的方式回應。最終，我們能培養相續的覺知，無論在夢中或清醒的生活，都能保持完全的覺知。於是我們就能以創造性和正面的方式回應夢的現象，並且在夢境中完成各種修持。一旦培養出這種能力，我們會發現自己在清醒和夢的生活中，活得更自在、舒適、清明和珍惜。我們也會為在死後的中陰*（bardo）證得解脫作好準備。

教法中提供許多增進日常生活品質的方法，這是很好的，因為這一生是重要的且有價值的；但是，瑜伽最究竟的目的永遠都是要引領我們解脫。為了這個目的，最好是將本書視為修行手冊——一本西藏苯波佛教(Bön-Buddhism)傳統的瑜伽指南，其中的內容是利用夢讓我們從迷迷糊糊的日常生活中解脫，利用睡眠從無明中覺醒。如果你準備以這種方法運用本書，就應該找一位具格的上師；接著，如果要穩定自心，就要修持「止」*(zhiné)，相關內容在本書的第三部分。當你覺得自己已經準備就緒，就開始修持前行法，花一點時間修持並融入你的生活，然後開始主要的修持。

不用趕時間，我們從無始以來就在輪迴的幻相中流轉，只是讀一本心靈方面的書之後，就將它遺忘，這麼做不會改變我們的生命。但是，如果我們徹底地遵循這些修持，就會覺悟到本具的自性，這就是證悟。

如果我們在睡覺時無法保持覺知，如果每晚都丟失自己，那麼我們有什麼機會在死亡來臨時保持覺知呢？如果我們進入自己的夢，把心的影像當作真實的方式來與它互動，那麼就不能期待在死後能夠解脫。看看自己在夢中的體驗，就會明白自己面臨死亡時的遭遇；看看自己的睡眠體驗，就能知道自己是否已真正地覺醒。

領受教法的方式

如果要領受口述和文字的心靈教法，最好的方式是「聽聞」(hear)、「總結」(conclude)和「體驗」(experience)。也就是說，在理智上理解所述的內容，接著總結其意義，最後運用於修持上。如果以這種方法學習，學習的過程會持續不斷，然而如果停留在理智的層面，它就會成為修持的障礙。

在「聽聞或領受教法」時，好學生就如一面塗滿黏膠的牆，雜草扔到牆上也會黏住；壞學生就如一面乾燥的牆，不論你朝牆壁拋擲什麼都會掉到地上。在領受教法時，不應有所遺漏或浪費，學生應把教法放在心中並且修持它。未經過理解的教法，就如雜草丟在一面乾牆上，會掉在地上並遭到遺忘。

接著是「總結教法的意義」。這就如同在暗室中開燈，一切隱密的事物都會變得清楚，這是一種恍然大悟的體驗，當將各個片段拼湊起來，於是就理解了。這與純粹概念的理解不同，我們在這個階段對於事物的認識不僅僅只是聽到而已。舉例來說，如果有人告訴我們房間裡有黃色和紅色的座墊，這是一種理智上的認識，但是假如我們走進的是一間暗室，那便無法辨識座墊的顏色。「總結教法的意義」猶如開燈，我們可以直接認識到紅色和黃色。我們不再是口頭上重述教法，而是讓教法成為自己的一部分。

「應用於修持」是指將我們已經領受、思惟和意義化的概念性理解，轉為直接的體驗。這個過程就類似嚐鹽巴，我們可以討論鹽巴，了解它的化學特性等，但是直接體驗則必須透過親自品嚐。這種體驗無法以理智捕捉，也不能用文字傳達。如果我們試圖對從未嚐過鹽巴的人解釋鹽巴，他們將無法理解我們的經驗；但是當與有同樣體驗的人談論鹽巴，我們彼此便都可以了解所談的內容。這就如同教法，這就是學習教法的方法——聽聞或閱讀、思惟、總結意義，以及在直接體驗中找到意義。

在西藏，新皮革要放在太陽下曝曬，並且用奶油搓揉讓它變軟。修行者就如新皮革，有著堅硬牢固的狹隘見地和死板概念。教法*（dharma）就如奶油，透過修持加以搓揉，而太陽就如直接的體證。有了修持和直接體證，修行者就會變得柔軟和調柔，但皮革袋中仍存放著奶油。當奶油遺留在袋中數年之後，皮革袋會硬得像木頭一般，屆時無論用多少的新鮮奶油都無法軟化它。有的人用很多年的時間研修教法，用了大量的理智，卻只有極少的修持體驗，這就如硬化的皮革。教法能軟化無明和制約的硬皮，然而，如果它們被儲藏在理智之中，未利用修持去搓揉，也沒有直接體證的加溫，修行者就會堅固地死守自己理智上的理解。於是新教法就無法軟化他，也無法穿透和改變他。我們必須謹慎地別把教法僅僅當作概念理解而儲存起來，否則概念的理解將會成為智慧的障礙。教法不是供人蒐集的概念，而是供人遵循的道路。

第一部

夢的本質

我們通常認為夢的「非真實」和清醒生活的「真實」，兩者是相反的，但是，沒有什麼比夢更為真實的了。

第一章 夢與實相

我們每個人都會做夢，無論你記得與否。我們從出生到死亡都在做夢，每天晚上，我們進入一個未知的世界。在夢中，我們可能是原本的自己，也可能是截然不同的另一個人；我們可能遇見熟識或陌生的人、活著或死去的人；我們或飛翔於空中；或遇見非人類的眾生；或擁有快樂的體驗；或開懷大笑、悲傷流淚、驚恐害怕、興高采烈；或改變了樣貌。然而，我們通常都不太理會這些特別的體驗。許多西方人一開始接觸教法時，是以心理學理論為基礎，之後，當他們更感興趣地在心靈生活中運用夢時，通常會著重在夢的內容和意涵，對於夢自身的本質卻很少探討，即使討論到夢的本質，也都是在探討潛藏於我們整個存在底下的夢之神祕過程，而不僅僅只是討論夢中的生活。

夢修持的第一步是很容易的：我們必須認識到在心靈之旅中，夢具有著莫大的潛能。我們通常認為夢的「非真實」（unreal）和清醒生活的「真實」（real），兩者是相反的，但是，沒有什麼比夢更為真實的了。我們一旦了解日常生活與夢都同樣地不真實，就能理解這樣的說法，如此一來，也就能理解夢瑜伽能運用在所有的體驗上，包含白天和夜晚所做的夢。

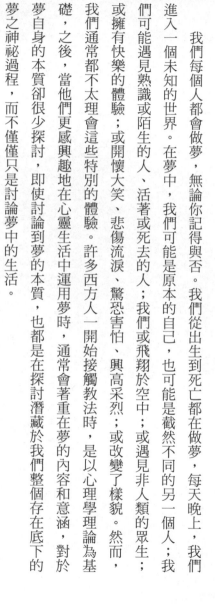

第二章　體驗如何生起？

一切體驗都由無明所生

我們所有的體驗，包括夢在內，都是由無明所生。這種說法會令西方人大吃一驚，所以，讓我們先來了解什麼是「無明*」（ignorance）。西藏傳統把「無明」分為兩種：俱生無明（innate ignorance）與文化無明（cultural ignorance）。「俱生無明」是輪迴的基礎和凡夫眾生的特性，它讓我們無知於自身和這世界的真實本質，其結果導致我們糾纏在二元分立之心的迷妄中。

二元論具體實現了兩極化和二分法，也就是把一個完整的體驗分為此和彼、對和錯、你和我。基於這些分別的概念，我們產生了以貪執和瞋恚為表現型態的偏好，並將大部分的習慣反應認同為「我」。我們想要這個而不要那個，相信這個而不相信那個，尊重這個而鄙視那個。我們想要愉悅、舒適、財富和名聲，企圖避開痛苦、貧窮、羞愧和不適之感。我們希望自己和所愛的人得到這一切，卻絲毫不在乎別人。我們想要某個與當下不同的體驗，或想要緊抓某個體驗，並且避開任何會導致這個體驗終止的必然改變。

第二種無明是受到文化的制約，它以貪欲和瞋恚的方式呈現，然後變成約定俗成，並進入價值體系之中。例如在印度，印度教教徒認為吃牛肉是不當的，但是吃豬肉則是被允許的。然而，回教徒認為吃牛肉是合宜的，但禁止吃豬肉；西藏人則兩種肉都吃。誰是對的呢？印度教教徒覺得印度教教徒是對的，回教徒認為回教徒是對的，西藏人覺得西藏人是對的。這些不同的信念來自於偏見和信仰，也就是文化的一部分，而非來自於根本智（fundamental wisdom）。（譯注：根本智是諸智的根本，是能證悟法性的證智，於一切法都無所見，平等如實，無有差別，故又稱為「根本無分別智」。）

另一個例子是哲學體系的內在衝突。許多哲學派別的成立是界定在彼此的細微差異之處，雖然哲學系統的發展是為了引領人們得到智慧，但這卻反而製造了無明，因為追隨者以二元分立的理解來執取實相。這是所有概念系統都無法避免的，因為「概念心」（conceptual mind）本身就是無明的表現。

文化無明在傳統中發展並在其中被保存下來，它滲透在每一個習俗、每一種觀念、每一套價值觀與知識體系之中，個人和文化都將這些當作理所當然的選擇，因此視之為常識或神聖的律法，我們的成長過程因而依附著各種的信念、政黨、醫療體系、宗教、對於事物的既定想法。我們從小學、高中，甚至進入大學，就某個角度而言，每張文憑都可說是我們變得更加無明的一種獎勵。教育強化我們習慣於透過特定的鏡片來觀察世界，我們可能變成以錯誤觀點看事情的專家，認為自己的理解明確且精準，並以此方式跟其他的專家交流。這種情況也發生在哲學之中，人們學習了周密的理智系統，反而把心發展成喜歡探究的敏銳工具。其實，在俱生無明被識破之前，人們只是在養成習慣性的偏見，而非根本智。

我們連最微小的事物都開始執取，例如使用一個特定品牌的肥皂，或是將頭髮打理成某種流行的造型。我們大舉地發展宗教、政治體系、哲學、心理學和科學學派，但沒有任何人天生就認為吃牛肉或豬肉是不對的，或認為某個哲學體系是正確的而另一個是錯誤的，或這個宗教是真實的而另一個是虛假的，這些價值觀都是從學習而來。擁護特定的價值觀是文化無明所造成的，而接受侷限觀點的傾向則是源自於二元論，二元論是俱生無明的表現。

這並不是壞事，實際情況就是如此。我們的執著能夠帶來戰爭，也可以是廣利世界的有益科技和各種技藝。只要我們尚未證悟，就是身處在二元分立之中，但這也無妨。西藏有句諺語：「只要是頭驢子，就會喜歡青草的滋味。」換句話說，我們應該珍惜並享受今生，因為今生是有意義的且有價值的，也因為這是我們正在度過的生命。

如果我們不夠謹慎，教法就會被用來支持我們的無明。有人可能會說取得高學歷並不好，或節制飲食是錯誤的，但這完全不是重點；又或許有人會說無明不好，或平凡生活只是輪迴的愚痴。其實，無明只是心識的障蔽，如果去執著或驅除它，只不過是在無明之境中，玩耍著同一套二元論的老戲法而已。我們可以看到無明是無所不在的，甚至教法也必須與二元論合作，例如告訴人們要揚善棄惡，教法仍然必須自相矛盾地以無明二元論來征服無明。因此，對於法教的了解要保持高度的敏銳度，因為我們是那麼地容易迷失，所以實修是很重要的。我們必須有直接的體證，而不只是去發展另一個概念體系來詳述和答辯。這就如同你從較高的角度看東西時，東西看起來差別並不太大；如果從無二智慧（non-dual wisdom）的觀點來看，也沒有重要和不重要的分別。

行為與結果：業與習氣

我們受到身處的文化所制約，無論走到哪裡，都帶著這些制約著自己的種子。令我們煩惱的事物，其實就在自己的心中，我們把自己的不快樂怪罪在周遭環境和自身處境上，而認為只要情況改變，就會變得快樂。但是，處境只是導致我們痛苦的次要原因，最主要的原因是俱生無明，以及希望事物能夠有別於其原有的狀態。

我們或許為了逃離都市的壓力，而決定搬到海邊或山上；或為了脫離鄉下的孤立和艱困，而搬到更刺激的城市。這樣的改變可能是好的，因為次要原因已經改變，我們因此感到滿足。但是，這種滿足只能維持一小段時間，不滿足的根會隨著我們搬到新家，滋長為新的不滿足，希望和恐懼的混亂便會很快地又擒住了我們。

我們或許會認為，只要擁有更多的錢、更好的伴侶，或更好的身體、工作和教育，就會感到快樂。但是我們知道事實並非如此，富有並不會讓人解脫痛苦；新的伴侶也會在某方面讓我們感覺不滿足；身體會老去；新工作會漸漸變得無趣等。當我們認為可以從外界尋得解決不快樂的辦法時，其實我們的欲望也只是暫時得到滿足。如果不明白這個道理，我們便會隨著欲望之風飄動不停，永遠處於不安和不滿之中。我們被自身的「業」*（karma）所掌控，並繼續地為未來「業」的豐收播下種子。這種行為模式不只分散我們對心靈之道的專注，也阻礙我們在日常生活中找到滿足與快樂。

只要我們認同浮動之心的貪執和瞋恚，就會產生負面情緒，這些負面情緒是從實際情況與我們的欲望之間的落差而產生的。行為從這些情緒而生，我們平日所有的行為幾乎都是屬於這樣的情況，而這些行為都會留下習氣*（karmic trace）。

「業」意指行為；「習氣」則是指行為的結果，它遺留在心識之中，並且影響我們的未來。習氣有點像是西方所說的無意識的傾向，它們是一種習性、內心和外在行為的模式、根深柢固的反應和習慣性的概念化。習氣會記錄我們對於情境的情緒反應、理智上的理解、獨特的情緒習性和理智的僵化反應，它們創造並制約我們對於自身體驗中每一環節的慣常反應。

舉一個習氣在粗顯層次上的例子，不過，即使是最細微和最普遍的體驗，習氣也是以相同的方式運作。例如，有位男士成長在一個爭吵不斷的家庭中，在他離家的三、四十年之後，有天他經過某條街，其中有戶人家正在吵架。當天晚上，他夢見自己跟太太吵架。隔天早上醒來，心情覺得很煩悶，太太也感受到他的情緒，並且也有所回應，結果更激怒了他。

這個體驗的結果向我們證實習氣的存在。這位男士在小時候對於家中爭吵的反應是恐懼、憤怒和受傷，他對於爭吵感到憤怒，這是正常的反應，而這憤怒的情緒在他的心中留下痕跡。幾十年後，當他經過一戶人家而聽見有人在爭吵時，這個次要因緣激起了陳舊的習氣，當天晚上以夢的型態呈現出來。

在夢中，這位男士被夢中伴侶激怒時，他的反應是憤怒和受傷。習氣控制了他的反應，他從孩童時代就將這習氣收藏在心識裡，而且從那時開始就可能強化了許多次。因此，當這位夢中伴侶（完全是男人心中的投射）激怒他時，他的反應是瞋恚，這跟他孩童時的反應相同。他在夢中的瞋恚是一個全新的行為，這行為製造了一顆新種子。當他醒來時，還陷在負面情緒中，這是先前業力所產生的結果，於是他對伴侶感覺疏離和封閉。事情進而演變得更為複雜，他的伴侶依照她業力所決定的習氣作出反應，表現出來的可能是發脾氣、沉默寡言、歉疚或討好，而這個男人再次地以負面方式作出回應，於是他又播下另一顆業種子。

無論對於外在或內在、清醒或做夢時產生的任何反應，只要是源自貪執或瞋恚，就會在心中留下痕跡。「業」把反應記錄下來，反應又播下業種子，接著「業」又記錄反應，如此循環不已。這就是「業」的累積，它是輪迴之輪——行為與反應的無盡循環。

雖然這個例子是著重在從心理學的角度談論「業」，其實「業」決定了存在的各個層面，每個人生活中的情緒和內在現象都是由「業」所組成的。此外，存在的感知和理解、身體的功能和外在世界的因果作用，也都是由「業」來決定，大大小小的各種體驗都受到

「業」的控制。

遺留在心中的習氣就如種子，需要一定的條件才能顯發，正如種子需要適當的水、陽光、養分和溫度的配合就能發芽成長，習氣也需要遇到適當的環境才能顯現。促使「業」能顯現的環境因素，就稱為「次要因緣」。

「業」就是因果關係，以此來理解「業」是很有幫助的，因為這會引導我們去認識自己對於各種內、外在情況所採取的任何反應，其實都會產生後果。一旦真正了解每個習氣都是下一個「業控制行為」的種子，我們就能避免在生命中造惡，而能創造影響生命朝好的方向前進的條件。或者，如果我們知道如何在情緒生起時就讓它「自解脫」（self-liberation），這樣就不會製造新業了。

惡業

如果我們以負面情緒回應情境，那麼，留在心中的痕跡終究會成熟，並且以負面的方式影響生活中的情境。舉例來說，如果有人對我們生氣，我們也以憤怒回應對方，於是心中便留下了一道痕跡，增強了憤怒於自己身上再度形成的可能性，再者，也更容易遇上讓自己出現憤怒習性的次要情境。如果自己或別人是在生活中很愛生氣的那種人，我們就會很容易發現到這點。易怒的人似乎會不斷地碰到導致他們生氣的理由，不易動怒的人則不容易遇到。

兩種人面臨的外界情況可能很類似，但是不同的習氣會創造不同的主觀世界。

衝動的情緒會形成強烈的結果和反應，例如憤怒會引起爭吵或其他破壞性的行為，人們的身體或心理都可能會受到創傷。不只憤怒是如此，如果有恐懼時，因為恐懼而受苦的人也會承受很大的壓力，並形成與他人的疏離等情況。我們並不難看出衝動情緒會導致負面的習氣，然後再以負面的方式影響未來。

如果我們壓抑情緒，還是會留下負面的習氣。「壓抑」是瞋恚的表現，它的形成是來自於我們把某樣東西封鎖在自身內，在門後用東西堵住，再把門鎖起來，我們強迫自己把一部分的體驗置入黑暗中，讓它虎視眈眈地等待著，直到適當的次要因緣出現時，就把它引發出來。這種壓抑的表現方式有很多種，例如，如果我們壓抑對別人的嫉妒，它遲早會以情緒爆發的方式表現出來；或者自己心中暗自嫉妒某人，我們對他們的批判便會特別苛刻，即便我們並不承認自己的嫉妒。在心裡批判也是源於瞋恚的一種行為，它將會製造惡業的種子。

善業

捨棄這兩種負面的反應——不受習氣的驅使或去壓抑它，我們暫停片刻，與自己談談，然後採取方法消除負面情緒。如果有人對我們生氣，因此引發我們的憤怒，此時的對治法就是慈悲。剛開始我們會覺得這樣做很勉為其難和虛偽，但如果明白激怒自己的人是受到他自身因緣的逼迫，然後更深入地認識到他也陷在自己的惡業之中，正承受著意識被綑縛的痛苦，如果我們能如此思惟，心中就會感受到一些慈悲，然後開始放下自己的負面反應。如果能這麼做，我們就開始在創造正面的未來。

這個新反應仍然是建立在欲望之上，以此例來說，我們希望獲得良善、平靜或心靈成長，為了創造正面的習氣，我們播下慈悲的種子。當再度面對憤怒時，便能更容易地以慈悲來回應，這種反應比起自我保護的憤怒所形成的狹隘感，將更令人感到舒適和寬廣。我們以這種累積善妙功德的修持，重新訓練自己對待世界的態度，就會發現自己遇到內心與外界瞋恚的情況愈來愈少。如果能這樣繼續地修持，慈悲終究會毫不費力地自然生起。透過對「業」的理解，我們可以利用所有的體驗再次地訓練自心，甚至是最私密和短暫的白日夢體驗，也可以作為心靈修持的依止。

讓情緒解脫

對待負面情緒最好的方法就是安住在無二的覺性（non-dual awarenesss）之中，沒有貪執和瞋恚，讓負面情緒「自解脫」。如果可以這麼做，我們心中的情緒就會像鳥兒飛越虛空般，無跡可循。情緒生起之後，自然而然地就消融在空性之中。

在這樣的情況下，業種子雖然正在顯現，例如對於某些行為所產生的情緒、念頭、身體的感覺或一時衝動，但是我們不會以貪執或瞋恚來回應，於是就不會產生未來的業種子。例如，每當嫉妒生起時，就讓它消融在覺性中，我們不被嫉妒所綑縛，也不壓抑它。這時，因為沒有以新的行為來強化嫉妒，於是嫉妒的習氣就會減弱。這種解脫情緒的方法可以根除業力，這就如同我們在業種子將成為自己生命的難題之前，就已先把它們燒毀。

你可能會問，為什麼讓情緒解脫比增長善業更好？這是因為所有的習氣都會綑縛我們，把我們侷限在特定的身分之中，而心靈之道的目標則是要從所有因緣中徹底解脫出來。這並不是說某人一旦解脫，例如慈悲等正面的特質就不會展現。正面的特質仍然會展現，只不過當我們不再受到習性的驅使時，就能看清現狀，做出自然合宜的回應，而不會身不由己地受到左右。從正面的習氣生起的世俗的慈悲固然很好，但是勝義的慈悲是更棒的，因為它擺脫了業緣，毫不費力且完全地在心中生起，不但更為寬廣包容、更有力量，而且沒有二元分立的迷惑。

雖然讓情緒「自解脫」是最好的反應，但是在我們的修持有所進展和穩定之前卻很難做到。不論目前修持的程度如何，我們都可以在情緒生起時，暫停片刻，審視自己，盡可能地採取最善巧的行為。我們可以學著如何減緩衝動和習性的力量，可以運用一個概念化的程序，例如提醒自己：「我感受到的情緒，純粹是之前習氣的結果。」這樣想時，我們就能鬆開對於情緒或觀點的認同感，並放下防衛心。當情緒的纏結鬆開，認同感就會鬆開，我們會變得更為寬廣。我們可以選擇更正面的回應，也就是植入正面的業種子。但是，我要再次強調，不要壓抑情緒是很重要的。在生起慈悲時，應該要放輕鬆，而不是刻意製造良善念頭的同時，嚴厲地壓抑體內的憤怒。

心靈之旅並非意味著在很久以後的未來或來世，我們才能獲得利益。當訓練自己以更正面的態度回應情境時，我們的習氣便改變了，並且發展出為當下生活帶來正面改變的特質。當我們更清楚地見到無論是多微細和個人化的每個體驗都會產生結果時，便可以運用這個理解來改變自己的生活和夢。

心識的障蔽

如果我們以貪執或瞋恚的動機採取行動，習氣就會殘留在心裡，它們是心識的障蔽，儲藏在個人的本識（base consciousness）——阿賴耶識*（kunzhi namshe）——之中。雖然有人說阿賴耶識是一個容器，其實它相當於心識的障蔽，如果沒有心識的障蔽，就不會有阿賴耶識。阿賴耶識不是某樣東西或某個地方，而是潛藏在二元分立的體驗系統之下的動力。它是非實質的，積蓄大量的習性，而且非常地有力量，例如讓語言變得有意義，使外在的色相轉變成為客體，並且成為對我們有意義的東西，讓人可以加以操控和理解。

最常用來比喻阿賴耶識的就是一個無法摧毀的儲藏室或倉庫。我們可以把阿賴耶識想成一個儲藏大量圖案或圖像的地方，它儲藏了體驗的運作規則，其中的體驗多少都受到我們外在的、內心的、身體的或認知的每個行為的影響。只要習性還在個人的心裡，阿賴耶識就存在；即使當人死亡且屍體腐化了，阿賴耶識還是存在。直到習氣被淨化之前，它們都會繼續停留在心識中；一旦習氣完全被淨化，阿賴耶識就會不復存在，那麼，這個人就成佛了。

習氣與夢

所有輪迴的體驗都由習氣所形成，心情、想法、情緒、內心影像、感知、直覺反應、常識，甚至是自我的認同感，全都受到業力運作的掌控。例如，某天早晨起床，你的心情就很鬱悶。你吃著早餐，雖然每一件事都很順利，但就是有一種莫名的鬱悶。我們會說這種情況就是有些業力正在成熟，當因緣條件遇合時，就表現出鬱悶。在這個特別的早晨生起鬱悶的原因可能有上百個，它的表現方式也有無數種，它也可能出現在夜晚的夢中。

在夢中，顯現在心識的習氣不會受到「理智心」（rational mind）的束縛。「理智心」通常會讓我們理性地推開某個感覺或短暫的內心影像。我們可以把這個過程想像成這樣：在白天，心識照亮了感官，於是我們體驗到這個世界，並且把感官與心靈的體驗編織為一個有意義的整體生活；到了晚上，心識從感官收攝回來，安住在根基（base）中。如果我們的修持已經有很好的進展，有許多空性和心的明光本質的體驗生起，那麼，我們就能覺察並安住在這個清淨的、清明的覺知中。然而，對多數人而言，心識照亮的是障蔽和習氣，障蔽和習氣繼而以夢的型態顯現出來。

習氣就如我們替每個體驗拍下的相片，我們對於記憶、感覺、感官知覺或想法等各種體驗所產生的貪執或瞋恚的反應，就如按下快門，然後在我們睡眠的暗房裡沖洗底片。至於哪個晚上會洗出哪些影像，取決於最近碰到的次要因緣。有些影像或痕跡會因為劇烈的反應，而深刻地烙印在心中；有些淺層的體驗則只會留下模糊的痕跡。我們的心識就像投影機的光線，照亮那些已經被激起的痕跡，這些痕跡繼而以夢中的影像和體驗顯現出來。我們把影像串起來，就如電影的製作過程，這就是我們心靈創造意義的方法，然後誕生一部由習氣與習慣性的認同感所製成的敘事片——夢。

同樣的過程在清醒時繼續進行，構成一般所認為的「我們的體驗」。我們比較容易藉由夢理解這樣的運作，因為夢不會受到物質世界和理智心識的侷限。白天時，雖然仍然進行同樣的製夢過程，但我們是把心裡的內在活動投射到外界，並且認為自己的體驗是「真實的」，且存在於自心之外。

在夢瑜伽中，會運用我們對於「業」的理解來訓練自心，讓心能以不同的方式回應體驗，創造新的習氣，如此就能生起更有助於心靈修持的夢。這跟力量無關，也不是要訓練心識發揮力量去壓抑無意識。夢瑜伽依靠的是增強覺知和觀照力，幫助我們在生活中做出正面的選擇。當認識到體驗的運作架構與行為的結果，我們就能認識到每個體驗都是心靈修持的機會。

夢瑜伽也教導我們在夢中燒毀未來業種子的方法。如果在夢裡能安住在覺性中，習氣在生起時就會「自解脫」，而不會繼續在生活中以負面狀態顯現。在清醒時，這種情況只會發生於安住在本覺[*]（rigpa）的無二覺性中，也就是心的明光之中。如果無法這麼做，我們還是可以在夢中培養心靈正面行為的習氣，直到能徹底地超越分別心和二元性。

究竟而言，當我們徹底地淨化所有的障蔽，就不會有底片，也沒有隱藏的業力會影響和塑造我們的心識之光。因為習氣是夢的根源，一旦習氣完全滅盡時，只剩下覺性的明光，此時，沒有電影和故事情結，也沒有做夢者和夢，只有明亮的本性——勝義實相。所以，「證悟」即是夢的終止，也就是我們所知的「覺醒」。

六道輪迴

根據教法，所有迷惑的眾生都在六道輪迴[*]（six realms of existence）之中。六道[*]（loka）是指天人、阿修羅（asura）、人類、畜生、餓鬼和地獄眾生，基本上，這六道分別是心識的六個面向——六種可能的體驗面向。六道在我們身上以六種負面情緒分別顯現，它們是憤怒、貪婪、無明、嫉妒、傲慢和逸樂的散亂（pleasurable distraction，當其他五種情緒等量、和諧平衡地出現時，所生起的一種情緒狀態）。然而，六道不只是情緒體驗的類別，也是眾生實際出生的處所，就如我們出生在人道，而獅子則出生在畜生道。

每一道都可視為是一種體驗的延續。例如，地獄道的體驗是從憤怒和瞋恨的內心情緒到由憤怒所產生的行為，例如爭鬥和戰爭；還有以瞋恨為基礎的組織、偏見和成見，例如軍隊、種族仇恨和偏執；以及眾生實際存在的處所。從個人情緒到實際處所，所有這些體驗都稱為「地獄」。

就如同夢一般，六道是習氣的展現，但是以各道的情況來說，習氣是共同的而非個別的。因為是共業，所以每一道眾生在共同的世界中，共享類似的體驗，就如同我們與其他人都共有類似的體驗。共業創造了身體、感官和內心能力，因此個別眾生能夠分享共有的外境和各種體驗，然後排除其他的體驗。例如狗都能聽到人類聽不到的聲音，但是人類經驗語言的方式卻是狗無法體會的。

雖然六道看起來清楚和堅實，正如我們的世界對待我們一樣，但六道實際上是如夢而不具實體的。六道息息相關，而且我們與每一道都有關連，身上都帶有投生至其他道的種子，當我們體驗到不同的情緒時，就會陷入其他道的某些典型特性和主要的痛苦。例如，當我們陷入自我中心的傲慢、憤嫉時，就會經驗到阿修羅道體驗的一些典型特性。

有時，人在某一方面的個性會特別凸顯，有的人比較像動物或餓鬼，或是接近天人的本性或阿修羅，這些特質凸顯為他們的主要特徵，從他們的說話、走路和人際關係上可以看到這一點。我們可能認識某些人好像總是困在餓鬼道之中，他們永遠無法得到滿足，凡事總是想要得到更多，想從朋友、外界和生活中得到更多，但是永遠無法滿足。或者我們認識的某人好像地獄眾生，永遠處在憤怒、暴力、狂怒和混亂之中。更常見的是人們擁有各道特質的性格。

由於心識的這些層面都表現在情緒之中，因此情緒明顯地成為一種普遍存在的狀態。例如，每個文化都了解什麼是「嫉妒」，但因為情緒的表現是一種溝通的方法、表達的語言，是經由生物學和文化而決定，文化繼而賦予它多樣性，「嫉妒」因而有了許多不同的表現形式；然而，嫉妒的感覺在任何地方都是相同的。苯波佛教便是以六道的實際情況來解釋和連結這種普遍性。

六種負面情緒並不包含情緒的完整清單，如果去爭辯悲傷或恐懼是屬於哪一道，這是毫無意義的。恐懼會發生在任何一道，就如悲傷、憤怒、嫉妒或愛也是如此。雖然負面情緒是我們的情感經驗，也是各道特有的情感經驗，然而負面情緒也是代表各種經驗的關鍵字，涵蓋面從個人的情緒體驗延續到實際的六道。六種面向涵蓋各種可能的廣泛體驗，其中包括多樣的情緒體驗。

心識的六種特質之所以稱為「道」(path)，那是因為它們能引領我們到另一個地方——我們將再次投生的地方，以及這一生中不同的各道體驗。如果我們與其中一個負面情緒產生共鳴或被束縛，那麼就會產生特定的結果，這就是「業」實際運作的方式。舉例來說，如果要出生在人道，我們必須在前幾世嚴守戒律；在世俗文化裡甚至說到，只有在對他人的愛和關懷臻至成熟時，這個人才能稱為「完人」(fully human)。

如果我們總是生活在瞋恨或憤怒的負面情緒之中，就會經驗到不同的結果——我們會轉生在地獄中。這種情況就是實際地投生於地獄道，以及心理上投生於地獄道，甚至是我們在這一生與瞋恨連結所產生的體驗，也稱為「如地獄般」的體驗。

這種情形清楚地說明並非所有人都試圖要避免這些體驗，「業」會強烈地把人們帶到一個體驗，就連負面情緒都變得很有吸引力。我們會發現所有的「娛樂節目」都充斥著瞋恨、殺戮和戰爭，我們卻漸漸地愛上它。雖然我們會說「戰爭是地獄」（War is hell），然而多數人卻被戰爭所吸引。

我們對於不同體驗的偏好也是由文化塑造而成的。例如，在某個社會裡，如果憤怒的戰士被當成英雄，我們就會被帶到那個方向。這就是之前提到的文化無明。

對西方人來說，「六道」聽起來有點不可思議，其實我們可以從自己的體驗、夢境、清醒時刻和身邊的人去認識它們。例如，有時我們會感到迷惘，我們知道如何處理日常事務，卻不知生命的意義何在。我們失去了意義，不是源於解脫，而是由於缺乏了解。我們夢到自己深陷在泥淖裡，或置身在黑暗之中，或在一條沒有路標的街上，或在一個沒有出口的房間，或困惑著不知要從哪一個方向出去。這就是無明的展現，也就是畜生道（這種無明不同於俱生無明，這是一種呆滯，缺少智慧的狀態）。

當我們迷失在逸樂的散亂中，享受著喜悅、快樂的時光，這時經驗到的是天道的狀態，但是這些時光終究會結束。在這樣的時光中，我們的覺知因受到侷限，必然會停留在一種膚淺的狀態，而不想太深入地去觀察周遭的環境，且逃避去察覺周遭的痛苦。享受生命中的快樂時光固然很好，但是如果我們不修持，不持續地讓自己從侷限和錯誤的自我認同感中解脫出來，我們就會度完快樂的時光，然後墮入更為艱困的狀況。我們毫無準備，於是很可能迷失在某種痛苦之中。在結束一場派對或非常愉快的一天後回到家時，通常會有一種失落或沮喪的感覺；抑或是結束一個愉快的週末，回到工作崗位時，我們也會感到落寞。

我們都曾經經歷六道，例如去度假或與朋友一起散步，那種快樂猶如天人；當看到某樣東西，心中很想要擁有時，就會產生一種貪婪的痛苦；我們因為傲慢受傷害而感到羞愧；由嫉妒所造成的折磨；由痛苦和瞋恚所引起的憎恨；由無明所引起的愚痴和困惑，我們輕而易舉且頻繁地在各道體驗中轉換。我們都曾經快樂過，這種情緒與天道有關。太陽升起時，每個人看起來都很美麗，我們的自我感覺良好，然後我們接到一則壞消息，或朋友說了一些讓人受傷的話，剎那間，世界好像產生了變化。笑聲聽起來很虛偽，天空看起來陰鬱、冷清，我們不再對別人感到興趣，也不喜歡自己。我們的體驗改變了，因此世界好像也隨著我們改變。同樣地，其他道的眾生也是與所有的六道有關，就如貓和阿修羅同樣會有憤怒、嫉妒、渴望情感等的體驗。

我們在夢裡也是如此，都會經驗到六道，就如六種負面情緒會決定我們白天體驗的特質，因此，這六種負面情緒也會形成夢中的感覺和內容。夢是千變萬化的，但是所有的業夢（karmic dream）都會與六道的其中一個或多個有所連結。

下面的圖表簡述了六道。傳統上，六道是指某些地方和住在這些地方的眾生，例如由九個炎熱地獄和九個酷寒地獄所組成的十八層地獄。傳統中描述的所有細節都有它的意涵，但是我們在此著重的是今生的六道體驗。我們透過體內的能量中心——脈輪*（chakra），而與每一道的能量體驗連結，下面的圖表列出了脈輪的位置。脈輪在許多修持中都是很重要的部分，在夢瑜伽中也扮演著重要的角色。

地獄道

「憤怒」是地獄道的種子情緒。當憤怒的習氣顯現時，會有許多不同的展現，例如瞋恚、緊張、怨恨、批判、爭執和暴力。大部分戰爭帶來的毀滅都是源於憤怒，每天都有許多人因為憤怒而死。然而，憤怒從未解決任何問題，我們被憤怒擊倒時，就會失控和失去自覺。當我們深陷在

六道

道	主要情緒	脈輪
天人	逸樂的散亂	頭頂
阿修羅	傲慢	喉嚨
人類	嫉妒	心間
畜生	無明	肚臍
餓鬼	貪婪	生殖器
地獄	憤怒	腳底

我們透過體內的脈輪，與每一道的能量體驗連結。

瞋恨、暴力、憤怒之中，或因此而受苦時，我們就是身在地獄。

憤怒的能量中心在腳底，而對治憤怒的方法就是純然無條件的愛，這種愛是來自於無限的「我」。

傳統上會說地獄是由九個炎熱地獄和九個酷寒地獄所組成，居住在地獄的眾生承受著無盡的痛苦，他們被折磨至死，然後又立刻復活，這種情形不斷地反覆。

餓鬼道

「貪婪」是餓鬼道的種子情緒。貪婪是由於過度需求而無法滿足的一種感覺，企圖去滿足貪婪，就如口渴時飲用鹽水。當我們在貪婪中迷失時，便會向外尋求滿足，而不會向內尋求滿足。然而，這麼做永遠也無法填滿自己想要逃脫的空虛感，我們真正的飢餓感是來自於想要了解真實的本性。

貪婪與性欲有關，它在身體內的脈輪是位在生殖器官的後面。慷慨——敞開心胸地給予別人所需，這麼做就能解開貪婪的死結。

傳統上描述餓鬼有一個飢餓的大肚，以及很細小的嘴巴和喉嚨。有些餓鬼居住在乾旱之地，幾百年來都是缺水的狀態。此外，有些餓鬼雖然有食物和飲水，但是只要他們吞嚥一點食物，東西就會在胃裡燃燒起來，引起劇烈的疼痛。餓鬼還有許多不同的痛苦，這些痛苦都是來自於吝嗇，以及反對別人的慷慨行為。

畜生道

「無明」是畜生道的種子，它是一種迷失、呆滯、不確定或無知的感覺。源於無明，許多人會體驗到一種黑暗和憂傷的感覺，他們會感覺到有某種需要，但是並不清楚自己要什麼，也不知道如何滿足自己。西方人通常認為能夠不斷地忙碌是一種快樂，但如果未認識真實本性，我們就會在忙碌時，迷失在無明之中。

與無明有關的脈輪在身體的中央，位在肚臍的高度。對治無明的方法，就是轉而向內找到智慧，並且認識真正的「我」。

畜生道的眾生受到無明黑暗的控制。畜生處於恐懼之中，因為牠們不斷地受到其他動物和人類的威脅，即使是大型動物也會受到昆蟲的侵擾，昆蟲會鑽進牠們的皮膚，依賴牠們的血維生。馴養的動物被人類餵食，如貨物般被裝卸、閹割、穿鼻孔和乘騎，牠們無法脫離這些命運。動物也會有痛苦和快樂的感受，但是牠們因為受到無明的控制，導致無法在自身的生命處境之下，見到自己的真實本性。

人道

「嫉妒」是人道的根源情緒。當嫉妒的情緒生起時，我們會牢牢地抓著所擁有的東西，並且拿到自己的身邊，例如某個想法、某項財物以及與他人的某種關係。我們認為快樂的根源是來自於外界，這種想法導致我們對於貪著的對象產生更大的執著。

嫉妒與身體的心輪有關。對治嫉妒的方法就是敞開胸懷，當我們與自身的真實本性連結時，心就能變得寬廣。

我們比較容易觀察到自身所處的人道痛苦，例如經驗到生、老、病、死。我們會因為無常而受到煎熬，例如當得到想要的東西時，就奮力地想要保住它，但是它終究會消逝。我們也會無法隨喜別人的快樂，經常受到羨慕和嫉妒的影響。生而為人被視為是最為幸運的，因為人類有機會聽聞、修持佛法，但是只有極為少數的人能遇到這個殊勝的機會，並且把握住它。

阿修羅道

「傲慢」是阿修羅的主要煩惱。傲慢是一種成就感，而且通常有地域性。戰爭的其中一個原因即是個人和國家的傲慢，因為他們認為自己能解決別人的問題。另一種傲慢是隱性的，這種傲慢會出現在自己覺得於某方面的能力或特質比別人差時，一種負面的自我中心感會讓我們孤立在他人之外。

傲慢與喉輪有關，它通常以憤怒的行為表現出來。對治傲慢的方法就是當安住在自己的真實本性時，就會生起的平靜與謙卑。

阿修羅享受著快樂和富足，但是他們具有嫉妒和暴怒的習性。他們彼此不斷地爭鬥，但是最大的痛苦卻是來自於對天人的宣戰。天人享有比阿修羅更富裕的生活，也比阿修羅更有威力，所以很難被殺害，總是贏得戰爭。阿修羅的傲慢和嫉妒因而受挫，心中遭受情緒的劇痛，覺得被天人貶低，因此反過來不斷地發動徒勞無功的戰爭。

天道

「逸樂的散亂」是天道的種子。在天道中，五種負面情緒一起出現，就如合唱團中五種和諧的聲音。天人迷失在放任的懶散愉悅和自我中心的快樂中，他們享用著富足的財富和舒適的生活，時間長達一劫之久。天人所有的需求都獲得滿足，所有的欲望都被填滿，他們沉迷在快樂和追逐快樂之中，就好像有一些人和社會也是如此。天人無法領會到自己體驗之下的真相，他們迷失在無意義的消遣娛樂之中，心神散亂，無法轉向解脫之道。

但是，一旦生活在天道的業因耗盡時，這種快樂光景終究會改變。當死亡最終來臨時，垂死的天人會被朋友和伴侶拋棄，因為這些親眷無法面對自己也必死無疑的證據。原先完美的身軀已老化、毀壞，快樂時間結束了。天人的天眼通會知道自己將要投生的地方，他們會看到那個痛苦地方的景況，甚至在死亡之前已開始經歷下一生的痛苦了。

天道對應至頭上的頂輪。對治天人這種自私的快樂的方法，就是去覺知自我和世界之下的真相，當了解這個真相時，心中會自然而然地生起遍及一切的慈悲。

為什麼會有「負面」的情緒？

許多西方人聽到情緒被貼上「負面」的標籤時，心裡就很不舒服。其實情緒本身不是負面的，所有的情緒對於我們的生存都有幫助，而且在人類的全面體驗中也是必要的，這些情緒包括了執著、憤怒、傲慢、嫉妒等在內。如果沒有情緒的話，我們的生命是不完整的。

然而，如果我們掉入情緒中，並且脫離自身比較深入的層面，情緒就是負面的。如果我們以貪執和瞋恚回應情緒，情緒就是負面的，因為我們會由於心識和認同感的限制而痛苦，接著又播下未來負面因緣的種子，於是讓我們陷在痛苦之境中，這使得我們的今生和未來世也都難以步入心靈之旅。相較於更寬廣的認同感，特別是從所有造作和侷限中解脫出來的認同感，這種情緒（貪執和瞋恚）的結果即是負面的。因此，思惟六道不僅是情緒的面向，同時也是心識和體驗的六種面向，這是很重要的。

情緒有文化上的差異。例如在教法中鮮少提到恐懼和憂傷，然而輪迴多半帶著這兩種情緒。西藏人並無「厭惡自己」（self-hatred）的概念，沒有類似的字眼。我到芬蘭時，許多人跟我談到「沮喪」，這與義大利截然不同，我當時才剛去過義大利，那裡的人幾乎未談過「沮喪」。氣候、宗教、傳統和心靈信仰的體系都會制約我們，影響我們的體驗；但我們如何陷入貪執和瞋恚、投射，以及對於所投射事物的二元反應，各地人們的內心機制則是一致的。這就是情緒體驗中負面的部分。

如果我們真正地理解並體驗到實相的空性，貪欲就不會產生，也就不會有粗顯的情緒型態。但是，由於無知於現象的真實本性，我們把心的投射視為真實，而和幻象培養了一種二元分立的關係，以憤怒、貪婪或其他反應與它互動。但在勝義的實相上，並無一個獨立的實體能成為我們憤怒的目標和任何情緒的對境。所以，我們完全沒有憤怒的理由，是我們自己同時創造了故事、投射和憤怒。

西方通常將情緒的認識運用在心理學上，為的是讓輪迴中的人們能擁有更好的生活，這是很好的。然而，西藏體系的目標是不同的，他們訂立的目標比較是希望在理解情緒之後，人們由於情緒執著而抱持的侷限和邪見，能因而得到解脫。我要再次強調，這不意味情緒本身是負面的，而是當我們執取情緒或想要逃離情緒時，它們就變成是負面的了。

第三章 能量身

無論是清醒和做夢，所有的體驗都有一個能量基礎。這個生命能量在藏文中稱為「lung」（氣）*，但在西方大家比較知道的是梵文「prana」（氣）。我們所有體驗的建構基礎都是由不同的精確因緣組合而成，如果我們能理解體驗發生的原因和方式，並且清楚知道發生體驗時內心、身體和能量的運作，那麼，就能重新製造或改變那些體驗。這樣做能增加一些對心靈修持有益的體驗，避免那些不利修持的體驗。

脈與氣

在日常生活中，我們的身體會採取各種不同的姿勢，但是我們從未想過姿勢帶來的影響。例如，當我們想要輕鬆地跟朋友說說話時，便會走到房間，坐在舒服的椅子或沙發上，這會讓我們更為平靜和放鬆，也比較容易進行談話。但是，當要討論公事時，我們便會到辦公室，辦公室的座椅可以幫助自己把身體挺直，比較不那麼放鬆，但是更有利於工作和創造力。如果想要靜靜地休息時，我們便會到陽台安靜地坐在另一種椅子上，讓自己享受風景和流動的空氣。當疲累時，我們會去臥房，採取一種截然不同的姿勢入睡。

同樣的情況，我們在禪修時會採用各種不同的姿勢，透過控制身體能量通道的「脈」*（channel），去改變身體內「氣」的流動，並且開啟不同的能量點——脈輪。不同的姿勢可以引發不同的體驗，這也是瑜伽動作的基礎。相較於只有依靠心的修持，我們有意識的引導體內的能量，這樣比較容易且迅速的增長禪修，同時也會幫助我們克服修持上的一些障礙。不懂得運用氣和氣在體內的運行，我們的心就會陷在它自身的運轉之中。

脈、氣和脈輪跟生死是相關的。大部分神祕的體驗和死後中陰過程的體驗，都是由於能量點的開啟和閉合所造成的，許多書籍描述到瀕死體驗的現象，內容敘述的是人們開始進入死亡過程中，會經驗到許多的光和幻相。根據西藏傳統的說法，這些現象與氣的運行有關，而脈則與不同的元素有關。死亡時刻元素會消融，脈會衰微，釋放出來的能量以光和顏色的體驗顯現。許多教導鉅細靡遺地描述哪種顏色的光會相應於哪條脈的消融，以及它位於身體的哪個部位，並且與哪種情緒有關。

人們在死亡時，這些光會以許多的變化顯現，這是因為這些光跟心識中的負面情緒和正面智慧有關。一般人在死亡時都會有情緒，而主要的情緒就決定了顯現的光和顏色。一開始通常會體驗到某種主要顏色的光，但是也有人體驗到數種主要顏色的光，或數種顏色混和的光。接著，光開始變成不同的影像，就如在夢裡的影像般，有房子、城堡、壇城、人、本尊和各種其他的事物。當我們死亡時，如果將這些幻相看作輪迴的實體，就表示我們在投生時，將受制於自己對這些幻相的反應；如果我們以禪修的體驗來看待這些幻相，我們就有機會解脫，或至少能有意識地影響自己的來生朝著好的方向前進。

脈——能量的通道

身體裡有許多不同的脈。從解剖學的醫學研究中，我們了解身體內有許多比較粗顯的脈，從這些研究中，我們知道有血管、淋巴循環、神經網等。體內有許多脈，例如針灸治療認定的脈就是比較實質型態的氣的通道。在夢瑜伽中，我們關切的是更微細的心靈能量，它是智慧和負面情緒的基礎。乘載這個極細微能量的脈，並非位在一個實體的地方，但是我們卻能感覺到它的存在。

我們身上有三條主要的脈，（見左頁）另外有六個主要的脈輪位於三脈之中。從這六個脈輪中，分出三百六十條支脈，分布在全身上下。女性的三條主脈是紅色的脈在身體右側，白色的脈在身體的左側，藍色的脈位於中間；男性的右脈是白色，左脈則是紅色。三條主脈在肚臍下方四英寸的地方交會。左、右兩脈的直徑猶如鉛筆的寬度，位在脊椎前方的兩側，從肚臍下方延伸向上，穿過腦部，在頭頂處回勾，然後在鼻孔處開啟。中脈在脊椎的前方，豎直在左、右兩脈的中間，其寬度有如藤杖，從心間到頭頂的地方比較寬，頭頂是中脈的終點。

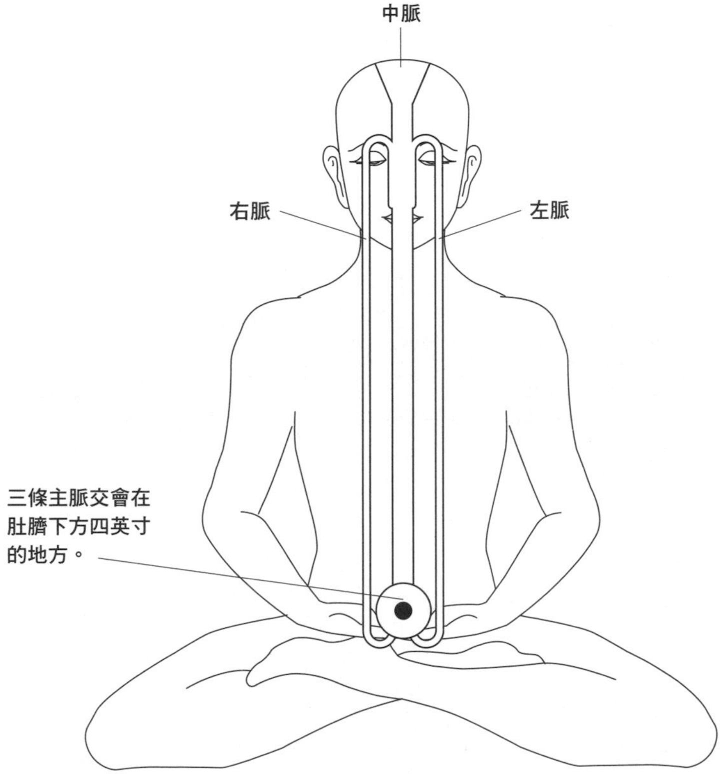
中脈
右脈
左脈
三條主脈交會在
肚臍下方四英寸
的地方。

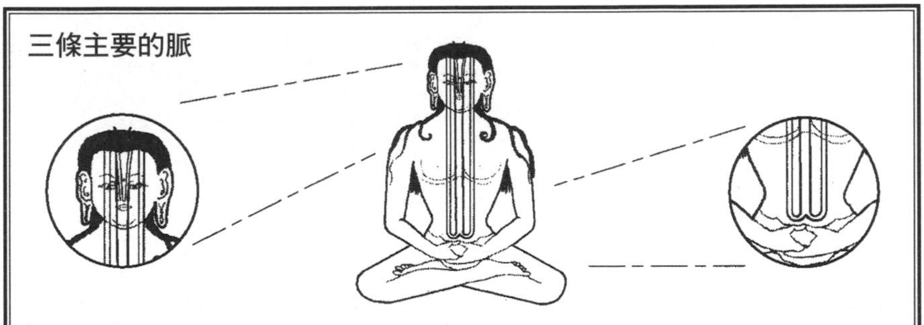
三條主要的脈

在夢瑜伽中，我們身上有三條主要的脈，它並非位在一個實體的地方，但我們卻能感覺到它的存在，它是智慧和負面情緒的基礎。

白色的脈（男性在右，女性在左）是負面情緒能量移動的通道，有時也稱為「方便脈」（channel of method）；紅色的脈（男性在左，女性在右）則是正面能量或智慧能量的通道。因此，在夢修持中，男性朝右側睡，女性朝左側睡，此姿勢會壓住白色的脈，而讓它微闔，同時開啟紅色的脈。此睡姿能幫助修行者有更好的夢的體驗，產生更多的正面情緒體驗，也會更有明性。

藍色的脈是無二元（non-duality）的脈，本覺的能量在中脈裡流動。夢修持最終就是要將心識和氣引入中脈，因為在中脈裡是超越負面和正面體驗的。當心識和氣引入中脈時，修行者會了悟所有的二元表相都是一體的。一般而言，當人們經驗到神祕的體驗時，例如大樂、空性、明光或本覺等殊勝的體驗，都是基於中脈能量的緣故。

氣——生命跡象與體驗的基本能量

夢是一種動態的過程。夢中的影像並非靜止的畫面，而是動態的影像，這些影像會移動、說話，聲音縈繞，感覺很鮮明。夢的內容雖是由心所形成，但是夢的生動性和動態則是依靠氣。藏文中的「lung」（氣）是由梵文的「prana」轉譯而來，意指「風」（wind），把它稱為「生命氣息之力」（vital wind force），將更能切合其意涵。

氣是我們所有的生命跡象和體驗的基本能量。在東方，人們為了平衡身心會透過瑜伽的姿勢和各種呼吸的練習，增強和精練「生命氣息之力」。在一些古老的西藏密法中，將氣分為「業氣」（karmic prana）和「智慧氣」（wisdom prana）兩種。

業氣

業氣是習氣的能量基礎，它是所有善行、惡行和無記（neutral，非善非惡）行為所產生的結果。當習氣被適當的次要因緣激起時，業氣會給予習氣力量，促使習氣能對心、身體和夢產生作用。業氣是左、右兩脈內善與惡能量的生命力。

心在不穩定、散亂、不專注時，業氣就會移動。例如，當我們產生情緒且心無法控制它時，業氣就會帶著心到處亂跑。我們會被瞋恚和貪欲東拉西扯，因此注意力四處游移。

在心靈之道上，如果要讓我們的心堅定，而能保持覺知和專注，就必須培養內心的穩定。如果內心能穩定，就算是負面情緒的力量生起，我們也不會因為業風的吹動而散亂。在夢瑜伽中，一旦我們有能力生起明性夢（lucid dream），就必須擁有十分穩定的覺知，才能控制由業氣移動所製造的夢，也才能培養控制夢的能力。在修持純熟之前，做夢者有時能控制夢，但有時夢會控制做夢者。

雖然有一些西方心理學家認為，做夢者不應該控制夢，但是根據西藏的教法，這個觀點是錯誤的，清醒又有覺知的做夢者能控制夢，要比被夢控制來得好。同樣的道理也可運用在念頭上，思考者能控制念頭，要比被念頭控制來得好。

三種業氣

有一些西藏瑜伽的法本會提到三種業氣：柔氣（soft prana）、粗氣（rough prana）、中性氣（neutral prana）。「柔氣」是指善妙智慧氣，它在紅色智慧脈中流動；「粗氣」是指負面情緒的氣，它在白色的脈中流動。在這個分類中，善妙智慧氣和情緒的氣都屬於業氣。「中性氣」就如它的名稱般，既非善也非惡，但它還是業氣，它遍布全身。中性氣的體驗能夠引領修行者經驗到中性的本初氣（primordial prana），這不是業氣，而是住於中脈的無二本覺的能量。

智慧氣

智慧氣（藏 ye lung）並非業氣，也不是前述的善妙智慧氣。

在任何體驗的第一個剎那——在生起反應之前，我們會產生的只是清淨的感知。在這個清淨體驗中蘊含的是本初智慧氣（primordial wisdom prana），這種能量是在貪執或瞋恚產生之前的體驗基礎，這種清淨體驗不會留下痕跡，也不會成為任何夢的成因。智慧氣在中脈裡運行，它也是本覺的能量。這個閃現清淨體驗的剎那非常短暫，我們通常不會察覺到它。然而，我們卻把貪執與瞋恚當成自己的體驗，這才是我們在這個瞬間的反應。

氣的運行

西藏上師龍欽巴（Long-chen-pa）曾經在某篇開示中提到，氣在一天之中會運行二萬一千六百次。無論實際上是否有這麼多次，這都說明了氣和念頭在一天當中有相當大量的活動。

氣的平衡

這個簡單的修持可以平衡我們的氣：男性應該以左手的無名指壓住左鼻孔，然後用力的從右鼻孔吐氣。你可以觀想所有的壓力和負面情緒隨著吐氣一併送出去。接著，以右手無名指壓住右鼻孔，從左鼻孔輕柔地深吸一口氣。吸氣之後，短暫地憋一下氣，讓所有的氣遍滿全身。接著，輕輕地吐氣，然後安住在平靜之中。

女性的順序相反。一開始先以右手無名指壓住右鼻孔，然後從左鼻孔用力地吐氣，吐盡肺部裡的氣。然後，以左手無名指壓住左鼻孔，然後從右鼻孔輕柔地深吸一口氣，吸入平靜的智慧氣。此時，你要讓全身保持在平靜中，接著，輕輕地吐氣，然後安住在平靜之中。

一再地重複這樣的練習，你的能量就會得到平衡。情緒的粗氣從白色的脈吐出，大樂智慧氣經由紅色的脈吸入。讓中性氣遍滿全身，然後安住在平靜之中。

氣與心

所有的夢都與六道的其中一個或多個有關，因為身體內的特定位置會構成心與各道之間的能量關係。為何會如此呢？既然我們說心識超越了形狀、顏色、時間或觸覺，為何還會與位置有關呢？本初心（fundamental mind）超越了這些特徵，但是體驗的現象還是會影響心識的特質。

我們可以來研究一下這個問題。如果我們到某個僻靜的地方，有座莊嚴的廟宇，殿堂中繚繞著輕柔的吟唱聲，空氣裡瀰漫著焚香味；或者我們到了一個有小瀑布的綠色山洞。當我們走進這樣的地方，就有如領受到加持，這是因為實質的環境影響了我們的心識，因此我們的體驗就受到了影響。負面的影響也是如此，當參訪曾經發生過暴力事件的地方，我們心中便會覺得不安，會說這個地方的「磁場不好」（bad energy）。

身體內部也是如此。例如，當我們說把心帶到心輪（heart chakra），這指的是什麼意思呢？心在某個地方，這是什麼意思呢？心並非某個能被容納在小地方的東西，當我們說把心「放在」（put）某個地方，這意指我們置入了注意力——我們在心中製造影像，或將注意力指向感官的對境。當自心專注在某種事物上時，我們所專注的對境會影響心識的特質，而體內也會隨之變化。

療癒修持的基礎原理是運用內心的影像。「觀想」能改變我們的身體，西方的研究證實這個方法是有效的，而且現在的西方醫學已經開始運用觀想的力量治療如癌症等的重症。苯教的療癒傳統裡，經常運用地、水、火、風等元素的觀想。苯教信徒一般都不從疾病的症狀下手，而是去淨化內心的基本狀況，因為他們相信負面情緒和習氣是造成容易生病的原因。

例如，我們可以觀想烈火來對治疾病。觀想一個紅色三角形的火焰，並想像你感受得到它的熱度，它的威力猶如火山爆發，觀想它的火焰如波浪般在體內移動，我們可以透過特別的呼吸練習來增強熱度。以此方式，我們運用心和心所製造的影像來影響身體、情緒和能量，雖然我們並未改變外在的世界，卻能帶來結果。就如西方醫學會利用放射線燒死癌細胞，我們運用內在的火焰燒毀習氣。為了使這個修持有效，我們必須有很清楚的動機，這不僅僅是一個機械化的過程，而是我們運用對於業、心和氣的認識來幫助療癒。這個修持的優點是試圖解決疾病的成因而非只是症狀，這個方法也不會產生副作用。當然，在情況允許之下，採取西方醫學來治療也是很好的，與其將自己侷限在某個醫療體系中，倒不如運用任何有效的療癒方法。

脈輪——能量連結的中心點

在夢修持中，我們要將注意力放在身體的不同部位——喉輪（throat chakra）、額輪（brow chakra）、心輪，以及生殖器後面的密輪（secret chakra）。脈輪是能量之輪——能量連結的中心點，能量的脈在身體特定的地方交會，脈的交會處形成了能量模式，也就是脈輪。主要的脈輪就位在許多脈的交會處。

脈輪通常被畫成蓮花開闔的形狀，而且有一定數量的花瓣和顏色，但實際上並非如此。這些圖像就如地圖般，只是以象徵的方式來輔助我們的心，幫助我們專注於各個脈輪上的能量模式。最初這些脈輪的發現，是透過修持和不同修行者的了悟而來。這些修行者剛開始體驗到脈輪時，他們找不到任何語言可以向未有相同體驗的人描述他們的覺受，於是便繪製成圖像作為視覺的比喻，幫助別人連結他們的體驗。例如各種蓮花的圖像，想要呈現的是脈輪周圍能量的擴散和緊縮，就如花朵的開闔；對於各個脈輪的不同感覺，則透過不同的顏色來表現；各脈輪集中和複雜的能量體驗，就以不同數量的花瓣來呈現。後來，這些視覺比喻就變成語言，用來清楚表達體內能量中心的體驗。當一位初學者在身體右邊的某個點，觀想正確的瓣數和顏色時，心的力量就會影響那個特定的能量點，那個能量點也會影響心。當這樣的情況發生時，就是心和氣在脈輪上合為一體。

盲馬與跛腳騎士

在晚上入睡時，我們通常不太會注意到當下正在發生的事情，只會感到疲倦，閉上眼睛後慢慢入睡。我們認為睡覺是血液進入腦部，以及賀爾蒙或類似東西的作用，但睡著的實際過程對我們仍是一個謎團和未探究的領域。

西藏傳統以譬喻的方式，解釋心與氣在睡著時的情況。氣通常以一匹盲馬來形容，而心則以無法走路的人來代表。這兩者分開時都是無助的，但合在一起時，就成為一個有功能的小組。當馬和騎士在一起時，就可以開始奔跑，但是不太能控制去向。我們從自己的經驗知道：將注意力置於某個脈輪，心就可以「放在」那裡，但是要讓心保持在任何一個地方並不容易，它一直在移動，我們的注意力總是東奔西跑。一般而言，輪迴眾生的馬和騎士會盲目地奔跑，穿越心識的六種面向之一，也就是穿越六種負面情緒的其中一種。

例如，我們在睡著時，就丟失了感官世界的覺知。業氣的盲馬帶著心到處奔跑，直到心專注在特定的脈輪。每個脈輪都受到心識的某一特定面向的影響，假設你和伴侶吵架，這個情況（次要因緣）激起跟心輪相連的習氣，於是把你的心牽引到身體的那個部位，心與氣接著便會以夢中的某個特定影像和故事顯現出來。

心不是隨機地被驅往不同的脈輪，而是被帶到需要被關注、治療的身體部位和生命狀態。在此例中的心輪似乎在求救，不安的習氣會透過夢的展現而得到療癒，因此不安的習氣就會耗盡。然而，除非做夢者在做夢時能保持專注和覺察，否則業習會支配做夢者對於夢的反應，結果製造出更多的業種子。

我們可以拿電腦作比喻。脈輪就如不同的檔案夾，你用滑鼠點擊「氣與心」的目錄，然後打開「心輪」檔案夾。檔案夾裡的內容是與心輪有關的習氣，這些資料便會顯現在覺性的螢幕上，這就有如夢的顯現。

夢裡的情境可能會誘發另一個反應，激起另一種不同的情緒。現在，夢成為次要因緣，成為讓另一個習氣展現的原因，心於此時移到臍輪，而進入不同體驗的道（畜生道）。夢的特質改變了，你不再嫉妒，而是身處於一條沒有路標的街上，或者一個非常黑暗的地方。你迷失了，本來想要去某個地方，但是卻找不到路，你現在即處於畜生道——與無明關係最密切的面向。

基本上，這就是夢的內容形成的過程。心和氣趨往身體不同的脈輪，並受到相關習氣的影響，因而經驗到心中生起的各種不同面向的體驗，這些體驗成為夢的特性和內容。我們可以運用這些理解，從不同的角度看待自己的夢，並注意夢和哪種情緒、哪個道有關。每個夢都提供我們療癒和心靈修持的機會，能有這樣的體認對我們是很有幫助的。

究竟而言，我們期望心和氣能穩定地安住在中脈，而不讓心移往某個特定的脈輪。中脈是本覺體驗的能量基礎，我們在夢瑜伽中的修持，就是要把心與氣帶到中脈。當心與氣在中脈時，我們就能保持在清晰的覺知和穩定的當下。安住在中脈時所做的夢不會受到負面情緒的強烈影響，這種平衡的情況能讓夢的智慧和明性顯現。

第四章 ◈ 夢如何生起？

達到證悟之前，根本無明所生起之「概念心」，障蔽了個別眾生的真實本性。我們陷入了二元分立的觀點中，「概念心」切割完整一體的體驗，將它分立為許多概念的實體，然後將這些內心的投射，當作好像是原本就獨立存在的眾生和事物。二元論主要是將體驗分立為「我」與「他」，然後我們只認同「我」這一面向的體驗，於是發展出自我方面的偏好。這個結果產生了瞋恚和貪欲，於是成為身心行為的基礎；這些行為（業）在人們心中留下受制約的習氣，結果產生更多的貪執和瞋恚，接著又製造新習氣，如此不斷地繼續下去。這就是生生不息的業力循環。

在睡眠時，心從感官世界向內收攝。此時，習氣必須要有次要因緣的刺激才能顯現，這習氣具有的力量或能量就是業氣。就如在馬和騎士的例子中，心「駕馭」業氣前往身體裡的能量中心，於是啟動了習氣，也就是說，心識專注在某一個特定的脈輪。

在心、能量和意義的交互影響下，心識被激發，並受到習氣和六道其中一道特質的影響。業氣是夢的能量——夢的生命力，心會將習氣的特有顯現，例如顏色、光線、情緒和影像等，編織成有意義的故事，這就是夢。這就是輪迴夢（samsaric dream）產生的過程。

第五章 來自《母續》的意象

夢是我們自心的反射

在大圓滿的教法中，最重要的問題永遠是我們是否認識到自己的真實本性，以及是否理解真實本性的展現會以體驗的方式顯現出來。夢是我們自心的反射，當我們醒來之後，就很容易相信這個道理，這就如同諸佛在覺悟之後，了知輪迴的實體和對境都只是幻相。正如在睡眠中認出夢的如幻本質需要透過修持，想要了悟清醒生活的如幻本質也必須透過修持。對於夢的產生方式有些理解之後，就比較容易明白「如幻的」和「本來就不存在」的意義；更重要的是，我們會更容易地將這種理解運用在自己的體驗上。無論我們是做夢或清醒，體驗形成的過程都是相同的。世界是一個夢，老師和教法是夢，我們修持的成果也是夢，直到解脫進入清淨本覺之前，我們都不會停止做夢。因此，在這之前，我們會持續在夢中和物質的世界裡，夢到自己和自己的生活。

不懂得如何面對念頭，就代表我們受到念頭的控制。「懂得面對念頭」是指將念頭帶入覺性並運用在正面的目標、善行之上，或解脫進入空性之中，這就是「以念頭為道用」的意思。同樣地，我們也可以將迷惑、痛苦和所有的體驗帶入「道」上，如果要這麼修持，就必須先理解一切現象的本質是「空性」的。當我們能如此修持時，那麼，生命中的每一刻都將是解脫的，所有的體驗都是心靈修持——一切的聲音都是咒縵，一切的色相都是清淨的空性，一切的痛苦都是教法，這就是「轉為道用」（transform into the path）的意思。

當你直接了悟憤怒本身並無客觀的基礎，它只不過是心的反射，就如夢一般，你便能鬆開憤怒的結，再也不會受到綑縛。如果我們能了悟自己所恐懼的對象，就如了悟我們害怕的蛇其實是被誤認為蛇的一條繩子，那麼，顯相的力量就會消失。如果能理解顯相即是「明空」（empty luminosity），這會引導我們認識心和體驗其實是一體的。

藏文的「lhun drub」翻譯為「任運成就」（spontaneous perfection），意指沒有人在製造任何事情，一切事物都是「如是」（as it is）的狀態，從根基中任運生起為明空的圓滿展現。水晶不會製造光線，它天生的功能就是散發光芒；鏡子並不會選擇自己想要反射的臉龐，它的本質就是反射萬物。當我們理解萬物的生起，包括習慣的自我感覺，都只是心的投射，那麼，我們就解脫了。不明白這個道理時，就如同我們把海市蜃樓看作真實的，把自己的回音當作是別人的聲音。這種分立的感覺是如此強烈，以致使我們陷入如幻的二元性之中。

《母續》中所舉的意象

《母續》是苯教最重要的法本之一，內容提供許多讓我們思惟的例子、明喻和隱喻，為的是幫助我們更了解夢和清醒生活的如幻本質。

反影

夢是我們自心的投射，它與心並無不同，就如一道太陽的光芒跟天空中的太陽光並無不同。不明白這個道理，我們就會把夢看作是真實的，就如獅子對著自己反射在水中的臉吼叫。在夢裡，天空是我們的心，山是我們的心，花朵、我們所吃的巧克力、其他的人，全都是自心反射回到我們自身。

閃電

夜空中的一道閃電，瞬間將群山照亮，每座山峰都如一個獨立的物體，但我們實際經驗到的是反射到眼睛的一道閃電。夢中看似獨立的物體也是如此，其實是我們心中的一道光——本覺的光。

彩虹

夢的展現就如彩虹，既美麗又誘人，然而卻無實體。彩虹只是光的展現，而且要依賴觀看者的觀看角度。如果我們追逐彩虹，將永遠都追不到，因為那裡什麼也沒有。夢就如彩虹，它是由因緣和合而生起的幻相。

月亮

夢就如月亮反映在池塘、井水、海洋等許多不同的水面上，它也會反映在城市裡許多不同的窗戶和水晶球上。月亮的數量並未增加，仍然只有一個月亮，就如夢中有許多的事物，然而本質都是相同的。

魔術

魔術師能將一塊石頭先變成大象，再變成蛇，然後是老虎。然而，這些不同的事物都是如幻的，就如夢中的事物，全都是由心的明光所形成。

海市蜃樓

由於次要的因緣，我們見到沙漠中的海市蜃樓，一座閃閃發光的城市或湖泊。但是，當我們抵達時，那裡什麼也沒有。當我們探究夢的影像時，這些影像就如海市蜃樓，是無實體的幻相——光的遊戲。

回音

如果在某個能形成回音的地方製造一個巨大的聲響，我們就會聽到巨大的聲音；平靜的聲音，就回應為平靜的聲音；奇怪的哭聲，就回應為奇怪的哭聲。我們聽到的聲音就是自己製造的聲音，就如夢中展現的內容好像與我們是分離的，其實只不過是自心投射的內容，然後回應到我們自身。

這些例子強調事物本來就不存在，以及體驗和體驗者的一體。經教稱此為「空性」；密續稱此為「幻相」；大圓滿稱此為「唯一明點」（the single sphere）。「我」和「我經驗到的對境」並非兩件事物，內在和外在世界都是我們自己的顯現。因為共業，我們共享同樣的世界，而我們看待體驗的方式，便決定了我們會擁有哪些體驗以及對它們的反應。我們相信「事物本來就是存在」的觀點，也相信「眾生與事物是分開的」，當我們相信事物真的存在，它就是存在的，我們的信念強烈地影響了自己。我們對這個世界產生回應，然而，這個世界也是我們自己所創造的。

當我們不存在時，我們所創造的世界就會消失，但其他人居住的世界並不會消失。我們的感知與看待萬物的方式也隨著我們止息，如果我們消融自己的「概念心」，在它之下的清淨就會自然而然地顯現。當我們直接了知自己或世界本來就不存在時，那麼，無論我們生起何種體驗，都不會影響到我們。當獅子把自己在水中的倒影當作真實時，牠就會瞠目怒吼，然而，如果獅子理解倒影的如幻本質之後，牠就不會帶著恐懼做反應。缺乏真正的理解時，我們會以貪執和瞋恚回應自心如幻的投射，於是製造了「業」。當了知真正的空性時，我們就解脫了。

教法的譬喻

在《母續》中提到，一般睡眠的無明就如黑暗的房間，覺知就如燈燄。當燈點亮時，黑暗被驅除，房間就被照亮了。

以語言傳遞心靈教法時，透過象徵和譬喻是最有效的方法。但是，我們必須理解這是語言的用法。我經常發現學生很難了解譬喻，所以，我想要在這裡補充說明，幫助大家更了解譬喻和象徵的意象。

在傳遞教法時，運用語言喚起感官的體驗，比起侷限在抽象和技巧概念的解釋更為有用。任何語言都不容易傳達真正的體驗，所以在領受教法時，運用意象會比只用「理智心」更有幫助。這些譬喻是我們未來的體驗，就如詩裡的意象；譬喻是用來仔細思考、反覆思量和實驗，然後融入我們的修持。

例如，聽到「火」這個字，我們或許不太會留意它。但是，如果仔細想想這個字，然後讓文字背後的意象生起，我們就會看到火，感覺到熱，因為我們認識的火不只是一個抽象概念。因為我們都見過火焰，並且曾經感受到火帶給皮膚的炙熱感，所以這個字會勾起想像的感官體驗——火在我們的想像中燃燒。

如果我們說「檸檬」，並且讓水果的意象從這個字生起，我們口裡會生津，檸檬酸會導致我們的舌頭緊縮。如果說的是「巧克力」一詞，我們幾乎會感受到甜味。語言是一種象徵，為了讓象徵有意義，我們會召喚記憶、感覺和想像力。因此，在教法中運用譬喻和象徵時，我們最好能以此方法來影響自己。不要只是想到「黑暗中的火焰」或「鏡中的反影」這些字眼，而要運用你的感覺、身體和想像力來理解。我們必須超越這些意象，但是意象仍然可以指引我們走到正確的方向。

當走進一座燈火通明的房子時，我們不會去檢查那盞燈、燈蕊或燈油，只會去感受房間的明亮；對於教法的譬喻，我們也要嘗試這麼做。我們的心被訓練成抽象和邏輯的思考，因此，當碰到譬喻時就會開始分析它。我們對於譬喻要求太多，這就有如我們想要知道燈是如何出現在房間、燈如何點亮、風如何吹；或者就如我們想要知道鏡子的種類、鏡子的材質、鏡子中反射的外在事物是什麼。其實我們應該讓自己安住在意象中，試圖去了解文字蘊含的體驗。房間是黑暗的，有燈被點亮，我們的身體和感覺都知道這種體驗。黑暗被明亮的和非物質的光明所取代，這是我們直接的體驗；起風、燈燄被風吹熄，我們也知道光明被黑暗取代時會是什麼感覺。

第二部

夢的種類與用途

我們以健康、預測未來、淨化負面的情緒、
心理習性、療癒等作為夢修持的目的。
然而，究竟而言，
我們不只是要運用夢來改善世俗的狀況，
而是要從中獲得解脫。

第一章　三種夢

夢的種類有三種（見左頁表格），這三種夢構成夢瑜伽的次第修持，但這次第並非完全地準確。（一）一般的輪迴夢（samsaric dream）；（二）明性夢（dream of clarity）；（三）明光夢（clear light dream）。前面兩種夢是根據它們不同的成因來區分，做夢者可能覺得清明或不清明。但是，明光夢是有覺性的，並無主觀與客觀的二分性，它發生在無二的覺性之中。

輪迴夢

在大部分的時候，我們多數人的夢都是由習氣所生的輪迴夢。這些夢的意義是我們自己投射的，是由做夢者所賦予的，而不是夢本來就具有的。我們清醒生活中的意義也是如此，但這不會使夢之意義的重要性，不及於清醒生活之意義的重要性。這個過程很類似讀一本書，書只不過是紙上的一堆符號，由於我們加入了自己的意思，因此才能從中獲得意義。一本書的意義就如夢，取決於個人的詮釋。兩個人閱讀同一本書，獲得的體驗卻截然不同，其中一個人從書中找到意義，因而改變了她整個人生，可是她的朋友只覺得這本書有點趣味，或甚至覺得很無趣。這本書並沒有不同，而是讀者將意義投射在文字上，然後讀者自己再讀進來。

明性夢

隨著夢修持的進展，夢愈來愈清晰、詳盡，我們會記得每個夢的大部分內容，這是由於我們在夢境中更有覺知的緣故。這時比起一般的夢有了更多覺知，這就是第二種夢——明性夢。在心與氣達到平衡，做夢者已經能保持在沒有「我」的狀態時，就能產生明性夢，它不像輪迴夢的心會受到業氣的左右。在明性夢中，做夢者是穩定的，雖然有影像和訊息生起，但是它們比較不是基於個人的習氣，而是在「世俗我」(conventional self) 之下，從心識直接獲得的當下知識。這兩種夢的差別就如白色

三種夢

種類	狀態
一般的夢 從個人習氣產生	不清明或清明
明性夢 超越個人的習氣而產生	不清明或清明
明光夢 發生在無二的覺性中	清明 超越主觀與客觀的二元性

一般的夢、明性夢、明光夢是根據不同的成因來區分，可以用來判定修持的進展如何。

脈裡的粗重業氣（與負面情緒有關）和紅色脈裡的智慧氣，兩者都是業氣，都包含二元體驗的能量，但是其中一個比另一個更為清淨、更少迷惑。同樣地，明性夢比輪迴夢更為清淨、更少迷惑。明性夢的意義就像是被賜予的或做夢者找到的，然而，輪迴夢的意義則是做夢者在清淨的基本體驗上的投射。

任何一個人都可能偶爾生起明性夢，但是，在修持增長和穩定之前並不常發生，對大部分的人而言，所有的夢都是基於日常生活和情緒而做的輪迴夢。即使夢到的是教法、上師、修持、諸佛或空行母*（Dakini），這些都還是輪迴夢。如果我們跟隨某位上師學習法教，那麼，我們夢到這些事情也是理所當然的。做這樣的夢是好的徵兆，這表示我們投入在教法中，但是這行為本身還是二元性的，因此仍然在輪迴中。輪迴之中有比較好和不好的面向，能完全投入修持和教法是好的，因為這是解脫之道。不要將輪迴夢誤認為明性夢是有好處的。

如果將輪迴夢誤以為是我們真正的指引，而依此去改變自己的日常生活，並嘗試要遵循夢中的指示，這就會變成一份全職的工作。我們會陷在個人的故事情節中，並且相信自己所有的夢都是來自更崇高的心靈之源；然而，事實並非如此。我們應該仔細注意自己的夢，培養對於夢的認識，例如哪些夢具有意義，哪些夢只不過是在展現我們於日常生活的情緒、貪欲、恐懼、希望和幻想。

明光夢

當修行者在修道上已經有很大的進展，第三種明光夢就會出現，這種夢由中脈的本初氣所生。睡眠瑜伽（sleep yoga）教法中通常會提到「明光」（clear light），它是一種沒有夢、念頭和影像的狀態；但也有一種明光夢是指修行者能保持在心性之中。這不是一件容易達成的成就，想要有明光夢，修行者必須非常穩定地保持在無二的覺性中。著作《母續》重要釋論的作者嘉森．米魯．桑列（Gyalshen Milu Samleg）寫道，他連續修持九年之後，才開始有明光夢。

培養明光夢的能力，類似在白天培養安住於無二的本覺之中。一開始，本覺和念頭好像不同，所以在本覺的體驗中不會有念頭，如果生起念頭，我們就會散亂，並失去本覺。但是，當本覺的穩定性增長時，念頭僅僅是生起，然後就會無礙地消融在本覺裡，修行者仍然繼續地保持在無二的覺性中。這個情況類似在修法時，學習要同時搖鈴和鼓。剛開始我們只能掌握一樣法器，如果搖鈴，鼓的節奏就會混亂，反之亦然。當我們熟練之後，就能同時掌握兩種法器。

明光夢和明性夢不同。明性夢是從心底深處和相對清淨層面所生起的，並且是由正面的習氣所產生，仍然是發生在二元性之中。明光夢雖然也是從過去的習氣生起，但是並未形成二元分立的體驗。修行者並未再組成「觀察主體」和「客體之夢」的關係，修行者也未成為夢世界的主體，而是全然地與無二本覺融合為一體。

這三種夢的差異似乎很細微。輪迴夢是從個別的習氣和情緒產生，夢裡的內容也是由那些習氣和情緒所生。明性夢包括更為客觀的知識，這知識由聚集的習氣形成，如果不捲進個人習氣時，心識就能見到它。心識不受時間、空間和個人過去經歷所綑縛，做夢者能夠遇見真正的聖者，從他們那裡領受真實的教法，並從教法中找到對自己和他人都有幫助的訊息。

明光夢不是以夢的內容而下的定義，而是因為沒有「主觀的做夢者」或「夢的自我」，「我」與「夢」或「夢的內容」也無任何二元性的關係。雖然有做夢，它是一種心的活動，卻不會干擾修行者在明光之中的穩定性。

第二章

夢的用途

夢的最大價值是在心靈旅程方面，最重要的是夢本身可以運用在心靈修持上，夢的體驗也能激發做夢者步入心靈之道。此外，夢可以用來判定修持的正確與否、修持的進展如何和需要注意的事項。

就如我在〈前言〉中提到的故事，上師要授與高深教法之前，通常會等待弟子的夢，從夢的徵兆來決定弟子是否具格領受教法。另外，有些夢可以證實弟子已經完成某個修持，上師聽了弟子的夢之後，將決定弟子是否已經準備就緒，而可以進入下一個修持。

同樣地，如果我們注意自己的夢，就能衡量自己的修持程度。有時在白天清醒時，我們認為自己的修持很不錯，但是當睡眠時，會發現自己至少在某部分仍然很迷惑，或者還陷在負面的狀態中。我們不必對這種情況感到氣餒，心的不同面向在夢中顯現，這對我們是有幫助的，因為夢指出我們在哪個部分必須加強才能進步。另一方面，當修持變得強而有力時，修持的成果會在夢中顯現，我們對於自己的努力成果就會很有自信。

夢中的體驗

夢裡的體驗是很有彈性的，我們可以隨意地做清醒時不能做的事情，包括能驅動自己進步的某些修持；我們可以修復心靈的傷口，以及那些在情緒上一直無法克服的難題；可以清除阻礙身體循環的淤塞；也可以採取超越概念界限和侷限的體驗，來突破心理障礙。

一般而言，如果能在夢中保持清醒，我們就可以圓滿達成這些任務。我在此只是提出有這樣的可能性，在接著有關修持的章節中，將會更詳盡地解說一旦在夢中達到清晰之後，應該做些什麼。

指引與指導方針

大部分的西藏人，無論是尊貴的心靈大師或單純的平凡老百姓，都一致認為夢是最深奧的心靈智識和指引日常生活的潛在泉源。夢可以用來診斷疾病，並且指示是否需要進行淨化的修持，以及修行者是否需要關注跟本尊和護法之間的關係。這種運用夢的方式也許被認為是種迷信，但是就深層而言，夢能描繪出做夢者的狀態，以及做夢者與不同能量的關係。在東方，大家認識這些能量，並認為這些能量跟護法、生理狀況和內在心靈狀況有關。西方研究夢的起步比較晚，他們認為這些能量可以理解為初期病症、複雜的痼疾或典型的病症。

有些西藏人一生都在研究夢，他們把夢當作是跟自己的深層面向和其他世界溝通的一種主要形式，我的母親就是這樣的人，她是一位充滿慈悲的女修行者。她會在我們聚在一起吃早飯時，把夢境告訴全家人，尤其是與她的護法南塔．噶波（Namthel Karpo）有關的夢。

南塔．噶波是藏北高原霍爾（Hor）地區的護法，那裡是我母親成長的地方。雖然全西藏都知道南塔．噶波的修持，但這位護法主要是我母親居住的村落和鄰近地區所崇敬的對象。我母親有做南塔．噶波的修持，但父親則無，因此他會經常在母親敘述夢境時逗弄她。

我清楚地記得母親曾經告訴我們，有次她夢到南塔．噶波出現在她的夢裡，他就如平常般，身穿白袍、戴著海螺耳環，並留著長髮。那一次，他非常地生氣，從大門進來後，就把一個小袋子用力摔在地上，接著說：「我一直告訴妳要好好照顧自己，但妳卻沒有！」他盯著我母親的眼睛，然後就消失了。

早上醒來時，我母親並不太知道這個夢的含意。到了下午，偶爾會來家裡工作的一位女士想要偷錢，她把偷到的錢塞在衣服裡，當她從母親面前走過時，錢袋掉了出來。放錢的那個袋子正是出現在母親夢裡的袋子，母親撿起袋子，裡面是我們所有的錢，差一點就被她偷走。母親認為這件事是護法的保護，而且她相信是南塔．噶波讓錢袋落地上。

在我母親的一生當中，南塔．噶波經常出現在她的夢中，而且都以相同的形象顯現。雖然南塔．噶波所給予母親的訊息都不相同，但這些夢都是以某種方式來幫助她、保護她和指引她。

我在十歲前，是在基督教學校就讀，後來父母親把我送到梅理寺（Meri Monastery）。寺裡有位僧人根．森圖（Gen Sengtuk），他有時會把夢境告訴我。其中一些夢我記得很清楚，因為那些夢跟我母親的夢很類似。他經常夢到西珮．嘉姆（Sippe Gyalmo），她是苯教傳統中最重要的護法之一，也是一位證悟的古代護法。其他的藏傳佛教教派也會修持西珮．嘉姆，布達拉宮裡就有一間西珮．嘉姆的殿堂。西珮．嘉姆會在根．森圖的夢中指引他的生活和修持。

根．森圖夢見的西珮．嘉姆並不像一般在寺院和禪堂的畫像中所見到的忿怒相。他見到的是一位灰髮老婦，有點駝背，拄著一根拐杖。根．森圖總是夢到西珮．嘉姆住在空曠無人沙漠上的一個帳篷裡，他會從她的表情去理解她是快樂、憂傷，或是從其動作看出她是否在生氣。他以這種方式去了解西珮．嘉姆，就會多少知道如何平息自己在修持上的障礙，或是以更正面的角度去改變生活上的一些事情，這就是西珮．嘉姆透過夢來引導他的方式。根．森圖透過夢與西珮．嘉姆保持密切的連繫，在他的一生中，西珮．嘉姆以類似的行誼出現在他的夢中。根．森圖夢到西珮．嘉姆的這些體驗，就是明性夢的好例子。

當時我還是個小男孩，我清楚記得有天聽著根．森圖講述他的夢時，突然覺得這就好像他在另一個空間有一位朋友。我心想，如果在夢中能有一起玩耍的朋友，那該有多好。在白天，我沒有很多時間玩耍，因為有很多密集的學習，老師們也都很嚴格。那是我當時的想法。由此可知，我們對於夢和夢修持的理解及去修持的動機，會隨著我們的成長愈來愈深入、愈來愈成熟。

預言

許多大禪師因為禪修的穩定，而能透過明性夢作出預言。想要達到這種境界，做夢的人必須從個人的大部分習氣中解脫，因為夢通常是由這些習氣所形成，否則就無法從夢中得到訊息，而是自己將訊息投射到夢上，就會如一般輪迴夢的情況。苯教的傳統認為運用夢是薩滿教預言的幾種方法之一，而且在藏人之中頗為常用。當弟子向上師請示工作方面的指引，或請求上師指引如何克服障礙時，上師通常會利用夢為弟子找尋答案。

例如，我曾經在西藏遇見一位證悟的西藏女成就者卡確·旺姆（Khachod Wangmo）。她不但具足威力，而且還是一位伏藏師，她曾經發掘出許多被埋藏的教法。我向她請示我的未來，也就是問及我會碰到什麼障礙等的一般問題，我請她為我做一個明性夢。

為了因應這樣的請求，做夢者通常會向祈夢者要一樣物品，於是我把穿在身上的汗衫給了卡確·旺姆。這件汗衫能呈現我的能量，卡確·旺姆只要專注在這件衣服上，就能與我產生連結。那天晚上，她把汗衫放在枕頭下，然後入睡並做了一個明性夢。隔天早上，她給了我一長串說明，包括我今生會發生的事情、應該避免的事情，以及應該要做的事情等。對我而言，這是非常清楚且有幫助的指引。

有時弟子會問道：「夢告訴我們未來的事情，這是否意味著未來已經注定了呢？」就西藏的傳統而言，我們認為未來並非注定好的。事件發生的成因已經出現在當下，因為過去的結果就是未來的種子，未來情況的主要成因都可以在已經發生的事物中找到。但是，讓業種子必然顯現的次要因緣並未注定，而是視情況而定。這就是為何修持能產生作用、疾病為何能痊癒的原因，否則達成目標就會變得毫無意義，因為沒有事物能夠被改變。如果我們夢見與明天相關的事，當明天來臨，而所有發生的事情都一如夢境，這並不代表未來是固定且無法改變的，這只是意味著我們沒有去改變它。

想像一個強烈的習氣——由劇烈情緒所刻下的印記，這是造成某種特殊情況的主因，它即將要形成業果，這表示我們在生活中提供了主要成因能顯現的次要成因。一個將要在未來形成的夢，它的成因就在現在，當習氣將要成熟結成業果時，也會同時影響到夢，由此可知，夢是對於業果的一種想像。這就有如走進廚房，廚房裡有位廚藝精湛的義大利廚師，我們聞到香料和烹煮食物的氣味，食材都放在桌上，於是我們幾乎可以想像晚餐已經煮好，幾乎可以見到這個成果。這個道理與夢相同，或許不是完全地精確，但我們幾乎全料中了。接著，當享用晚餐時，我們會融入自己的預期，於是想像與實際的差異性就變模糊了，結果這頓晚餐就變成如我們所期待的一般，即使它與我們的預期不盡相同。

我從小就記得這個例子。當時是印度的萬燈節（Diwali），傳統上都會放炮竹慶祝。我和朋友沒錢買炮竹，於是便四處去撿那些已經被點燃但未引爆的炮竹。我們把這些炮竹蒐集起來，然後試著要再點燃它們。當時我很小，大概只有四、五歲左右。其中一個炮竹有點潮溼，所以我把它放在火炭上。我閉上眼睛吹那根炮竹，可想而知，炮竹爆炸了。瞬間我眼冒金星，什麼都看不見，當下我想起在前一晚的夢，整件事情與夢境一模一樣。當然，如果我能在這件事發生前想起這個夢的話，那會更有幫助。很多的情況都類似於此，未來情況的成因會編織成夢，夢有可能在未來實現，但也不盡然。

夢中的因果有時會影響他人，這種情況是會發生的。我在西藏時，我的導師洛本・丹津・南達（Lopon Tenzin Namdak）曾經做了一個夢，隨後他告訴我，我需要修持某位護法的法，這對我很重要。於是我在旅途中，每天進行好幾個小時的修持，試圖要影響他在夢裡看到的情境。他做了這個夢的幾天後，我搭乘一輛卡車，車子行經山裡的一條小路，在西藏那個地區的駕駛都很魯莽，身為遊牧民族的他們對於死亡並無太多恐懼。我們共有三十個人擠在這輛大卡車上，車上還載了許多沉重的行李，後來卡車的輪胎撞到一個大坑洞，結果整台卡車都傾斜了。

我下了車，往下一看，並未感到特別地害怕。然而，當我仔細一瞧，原來有顆小石頭撐住了卡車，否則卡車就會跌落山谷。這個山谷很深，一塊石頭掉下去要很久才能碰到底部。這個情況讓我的心怦怦直跳，於是我變得極為害怕，我意識到小石頭夾在我們和死亡之間，讓我的生命不是以短篇故事作為結束。

當我看到這個情形時，我心想：「原來如此，這就是我必須進行護法修持的原因。」我的上師在夢中看到這個情形，因此告訴我要做有關護法的修持。夢也許不是完全準確，但是仍能透過夢的感覺和畫面來傳達需要補救的未來事件。這就是我們修持夢能獲得的其中一種利益。

夢中的教導

在西藏的傳統中，有許多修行者在夢中領受教導的例子。這些夢通常是連續的，每天晚上的夢都會接續前一天晚上的夢，以這種方式傳遞完整詳盡的教法，而當明確和適當的完成時機到來時，夢就會停止。有大量的教法都是以這種方式被「發掘」，其中包括許多西藏人已經從事好幾百年的修持，這就是我們所謂的「心意伏藏」*（mind treasure）。

想像我們走進一個山洞，並且發現洞內藏的許多教法，這是從物質的空間發掘教法；「心意伏藏」是從心識之中發掘，而非在物質的世界裡找到。我們知道成就者在明性夢和清醒時都能發掘伏藏，為了能在夢中獲得這類教法的修行者，他們必須培養相當的能力，例如能在心識中保持穩定，且不去認同「世俗我」。只有那些不受習氣和輪迴夢障蔽明性的修行者，才能趨入心識中本具的智慧。

在夢中發掘的純正教法並非來自於理智思惟，這並不像是去圖書館作研究，然後寫成一本書，好比學者運用理智去蒐集和釐清資料。雖然許多善妙的教法都是來自理智思惟，但它們都不是「心意伏藏」。諸佛的智慧是源於自身，從心識的深處生起，其本身就是圓滿的，但這並不是說「心意伏藏」比不上現存的教法。此外，在不同的文化和歷史年代會分別找到一些伏藏教法，這些教法彼此間並無交流，但內容卻很接近。有些歷史學家會回溯某個教法的根源，他們想要證明這個教法是受到另一個類似教法的影響，他們會從發生的地點找出彼此的關連等，而且往往也會找到兩者之間的連結。然而，實際的情況是，當個體發展到相當程度時，這些教法就會自然而然地在人類身上生起。這些教法本來就存在於根本智之中，這是任何文化終究會達到的境界，它們不只是佛教或苯教的教法，而是全人類的教法。

如果我們擁有幫助其他眾生的「業」，那麼，從夢中獲得的教法就能利益別人。但情況也可能是我們與某個傳承有緣，例如你可能在夢中發掘某個教法，它會特別成為你個人的修持，也許是克服某個障礙的特別對治法。

第三章 施身法的發現

通炯．圖千的故事

許多成就者都把夢當作是一扇重要的智慧之門，穿過這道門，他們不但發現了教法，與遙遠不同時空的成就者產生連結，並且培養自己幫助他人的能力。在苯教大師通炯．圖千（Tongjung Thuchen）的故事中，就有許多這樣的事蹟。據說通炯．圖千是八世紀的人，在他一系列的夢中，他發掘了苯教的施身法*（Chöd）修持，這是培養布施和斬斷執著的一種觀想修持。

通炯．圖千在六歲時已經熟知教法，十二歲時，他進入長期閉關，在閉關期間，他經歷許多不可思議的夢。他在夢中發掘許多教法，遇見其他的成就者，並從他們那裡領受教法。有一次，他在閉關內密集修持瓦爾薩（Walsai），這是苯教密續最重要的本尊之一。這時，上師召喚他，於是他出關前往上師的某位功德主家。後來他在功德主家睡覺時，做了一個不可思議的夢。

西珮・嘉姆賜予灌頂

在夢中，有位美麗的女士引領他穿過一個不知名的園林，然後來到一個巨大的墳場，地上有許多屍體。在墳場的中央，有座點綴著許多裝飾物的白色大帳篷，帳篷的周圍有許多美麗的花。在帳篷內的中央，有位棕膚色的女士坐在高大的法座上，她身穿白衣，頭戴綠松石和黃金飾物。許多美麗的空行母圍繞著她，她們彼此以多國語言在交談。通炯・圖千知道她們是來自遙遠的地方。

棕膚色的空行母離開法座，她為通炯・圖千端來一個呈滿血肉的顱器，並且餵他吃盛於其中的東西，同時並告訴他要把這些供品當作清淨的供養，因為接著她和其他的空行母要賜予他一個重要的灌頂。

接著，她說：「祈願你在偉大佛母（Great Mother）之境中獲得證悟！我，西珮・嘉姆——苯教教法的持有者、『存在的棕色之母』（Brown Queen of Existence），這個灌頂和教導是精華之源《母續》，我為你灌頂，未來你也可以給予別人灌頂和教導。」接著，通炯・圖千被引領到高大的法座上，西珮・嘉姆給他一頂法會用的法帽、灌頂衣袍和法器。然後，她要求他為聚集此地的空行母灌頂，這讓通炯・圖千大吃一驚。

通炯・圖千說：「不！我不能給予這個灌頂。我不知道怎麼給予這個灌頂，這對我真的很困難。」

西珮．嘉姆要他放心。她說：「不用擔心。你是一位大成就者，你已經獲得西藏和象雄（Zhang Zhung）三十位成就者的所有灌頂，你可以為我們灌頂。」

通炯．圖千反駁說：「我連灌頂裡的祈願文都不會唱。」

西珮．嘉姆說：「我會幫你，所有的護法也會賜予你力量，沒有什麼好害怕的。懇請你給予灌頂吧！」

就在此時，帳篷內所有的血肉都變成奶油、糖，以及各種食物、藥物和花朵，空行母將花灑向通炯．圖千。突然間，他發現自己知道如何給予《母續》的灌頂，於是他就為空行母眾灌頂。

灌頂結束後，所有的空行母向他答謝。西珮．嘉姆說：「五年之後，八大尸林的空行母將再會面，屆時也有許多成就者前來。如果你來參加，我們會傳授你更多《母續》的教法。」最後，所有的空行母和他互相道別，西珮．嘉姆告訴通炯．圖千是離開的時候了。一位紅色的空行母在圍巾上寫下一個代表風元素的種子字「ཡཾ」（YAM，音「央」），然後把圍巾在空中一揮，她要通炯．圖千用右腳觸碰圍巾。當他一觸碰圍巾，他即刻回到自己的身體，並且意識到自己正在睡覺。

他睡了很久，其他人還以為他已經死了。最後他醒過來，上師問他為何睡了這麼久？他向上師敘述自己的夢境。上師告訴他，這是個很好的夢，同時告誡他要守密，以免帶來障礙。上師告訴通炯．圖千：「有一天你會成為上師。」他也加持通炯．圖千未來的教法。

三位成就者賦予傳授施身法的能力

到了隔年，通炯．圖千在閉關中的某個夜晚，有三位空行母來見他。她們披著綠色圍巾，並用圍巾碰觸通炯．圖千的腳，瞬間他失去意識，醒過來時，他已經在夢中。他看到三個面向東方的山洞，山洞前有座美麗的湖泊。他走進中間的山洞，裡面裝飾著許多花朵。他見到三位成就者，每位都穿著不同的祕密灌頂服，周圍有許多美麗動人的空行母，有些空行母正吹奏著樂器，有的在跳舞，有的在獻供，有的在做祈請，還有一些在進行其他神聖的活動。

三位成就者為他灌頂，喚起他自心的本然狀態，於是他憶起自己的過去世，他們也賦予他圓滿傳授施身法的能力。然後，中間那位成就者站起來說：「你已經擁有所有神聖的教法，也領受了所有的灌頂，我們已經加持你具有弘法的能力。」

接著，坐在右邊的那位成就者站起來，並說：「我們已經給予你所有的共同教法，例如用來斬斷自我的因明（邏輯）教義，以及運用『概念心』來解脫迷惑，我們也賜予你施身法的灌頂了。我們會加持你能教導並繼續弘揚這些修持。」

最後，左邊的那位成就者站起來，他說：「接下來我要給你神聖的密續教法，這是西藏和象雄所有成就者的心要。我們賜予你灌頂，並加持你透過這些教法來利益他人。」

這三位成就者都是苯教非常重要的上師，他們是大約七世紀末的人，也就是通炯．圖千出生的五百多年前。

不久之後，通炯．圖千的上師圓寂了，於是他回到上師的小村莊裡，為那裡的人修法和修持。他在進行短座禪修和閉關時，在他的淨觀中有許多成就者前來見他。他曾經看到自己體內的脈和能量，身體就如透明的水晶。另外，他多次騰空行走，而且能透過氣的力量飛快行走。

空行母的授記

四年之後，棕膚色空行母來到他的夢中，她是西珮．嘉姆的化身*，她曾說五年之後他們會再見面，而五年的時間已經到來。有天他在山洞小睡時，於睡眠中向所有的成就者祈請。當他醒來時，他望向一片無比清澈的天空，一陣微風吹來，兩位空行母乘風朝他而來，並請他隨著她們一起去。

他跟隨她們來到空行母聚集的地方，這些來自各地的空行母就是五年前在夢中見到的那些空行母，這次他得到了施身法和《母續》的口傳和教導。空行母眾預言在未來的某個時候，眾菩薩和十二位殊勝的成就者會出現，屆時通炯．圖千將會給予教導。每位空行母都承諾會協助他的教法，其中一位空行母說她會成為法教的守護者，另一位說她會加持教法，下一位空行母說她會保護教法免於文字和詮釋方面的錯誤等，西珮．嘉姆誓言要成為法教的保護者。聚集此地的空行母逐一告訴通炯．圖千，為了幫助教法傳揚，她們每個人願意擔任的工作，並告訴通炯．圖千，他的教法一定會如日光般遍布十方，傳揚到世界的每個角落。這是一個重要的授記，這鼓舞了至今仍在學習這些教法的人，因為我們知道這些教法將會傳遍全球。

夢可連結深層的「我」

通炯．圖千的夢是明性夢的好例子。他在夢中獲得一個正確訊息，也就是將來會出現一個重要的夢，他會領受教法和灌頂，並受到許多空行母和其他成就者的幫助。他很早就已經達到成就，但是在夢為他揭示之前，他並不知道自己具有成為上師的全然潛力。由於他在夢中獲得加持，他喚醒心識的不同層面，於是再度連結他在過去世的學習和成長。在他的一生中，他藉由夢讓自己持續成長、領受教法，並且和成就眾、空行母眾會面。

這種情況也可能發生在我們身上。就修行者而言，我們會發現夢中那方面的生活會持續開展，這對於我們的心靈之旅是很珍貴的，因為夢成為獨特的一環，讓我們再度連結深層的「我」，並且讓心靈的發展臻至成熟。

第四章

修持的兩個階段

死亡之夢

幾年前的某個晚上，我夢見嘴裡有條蛇，我把蛇從嘴裡拉出來，但牠已經死了，當時的感覺很不舒服。接著，有一輛救護車開到我家門口，醫護人員告訴我那條蛇有毒，因此我就要死了。我說：「沒關係」，然後他們把我送到醫院。

我很害怕，我告訴他們在我死前，我需要看到大圓滿上師塔比日扎*（Tapihritsa，見 123 頁）的雕像。醫護人員不認識我說的這位上師，但是他們同意了，而且告訴我還要過一會兒才會死，於是我就放心了。不過，他們馬上就為我帶來塔比日扎的雕像，這令我大吃一驚，因為我立刻就無法以這個藉口來拖延死亡。所以我告訴他們，並無死亡這件事情，這是用來支撐我活下去的一種說法。就在說這句話的同時，我便醒了過來，心急速地跳著。

那天是除夕夜，隔天我就要從休士頓飛往羅馬。做完這個夢之後，我覺得心裡很不安，心想也許應該認真地看待這個夢，取消這次的旅行計畫。我想要獲得上師的建議，於是我回去睡覺。在一個清晰的夢中，我到了在尼泊爾的上師處，把困擾我的這個夢告訴他。

當時，休士頓正面臨嚴重的水災，因此，我的老師解讀這個夢的意義是：我代表大鵬金翅鳥（Garuda），這種神奇的鳥具有戰勝龍族（Naga）的力量，龍族是長得像蛇般的水中神祇。我的上師說，這個夢意味著大鵬金翅鳥戰勝導致水災的水中神祇。這個解讀讓我寬心許多，隔天我便按照計畫前往羅馬。這個例子顯示清晰的夢可以運用在實際的事件上，例如做決定。

這些事情聽起來可能很奇怪或令人難以置信，但真正的重點是要培養自心的靈活性，穿越束縛自心的界限。心如果能更靈活，我們就更能接受一切狀況，不會受到期望和欲望的影響。即使我們仍然受到貪執和瞋恚的限制，這種心靈修持還是能利益自己的日常生活。

解夢是基於希望與恐懼

如果我能真正安住在「沒有死亡」和「沒有人死亡」的了悟之中，我就不會因為夢帶來的焦慮而去尋求解夢。我們想要解夢是基於希望和恐懼，想知道何事該捨、何事該取。為了能改變一切事物，我們想要理解夢，而當了悟自己的真實本性時，就不會尋求夢的含意，因為你是在為誰尋求呢？你已經超越希望和恐懼，因此夢的含意就變得不重要了。你只要單純地體驗當下顯現的一切，如此一來，就沒有任何夢能引起焦慮了。

夢瑜伽橫跨我們的一生，而且可以運用在我們各種不同層面的體驗。不過，這種說法會引起最高哲學見地和某些教導之間的衝突。就某方面而言，見地是無限的：無二元分立；非世俗實相的教法會主張並無事情需要達成；「尋找」就是迷失；「努力」會使人偏離自己的真實本性。但是，也有一些修持和教法需要從二元的、希望與恐懼的角度來說才有意義，例如解夢、平息當地的護法，以及完成長壽修持，並且敦促弟子要精進修行和守護心的專一等的教法。這聽起來似乎是告訴我們不必去完成任何事情，同時又必須要努力。

這一點有時會引起修行者在修持上的困惑，他們會問：「如果在究竟實相上是空無分別的，如果解脫就在這個空性的了悟之中，那麼，為什麼我要以世俗的結果作為修持的目標呢？」這個答案非常簡單。因為我們住在一個二元分立的、世俗的世界中，我們的修持在這個世界能產生效果。在輪迴之中，二分法和兩極化是有意義的，例如對和錯、比較好和比較壞的行為與思考，這些都是根據不同的宗教、精神學派、哲學系統、科學和文化的價值而來，我們要尊重將自己綑縛在其中的環境。當我們身處輪迴之中時，世俗修持的應用和解夢是非常有幫助的。

安住在心的本質，無須解夢

我需要解夢，因為我很怕死。但是對我而言，更重要的是我要知道自己的需求其實是建立在恐懼和二元性之上，然而，當我安住在無二元分立的當下時，就不會有恐懼，也無須解夢。我們要運用對自身處境有益的任何方法，當我們只是安住在心的本質——一種真正無分別的實相，就無須做世俗的修持。因此，我們無須解夢；無須改變自我，因為沒有「我」可以被改變；也無須根據夢來計畫未來，因為沒有希望和恐懼。無論生起何種狀況，我們完全地處於當下，沒有瞋恚或貪取。我們無須藉由夢來尋求意義，因為我們就住在真諦之中。

在我們的世俗生活中，我們會做選擇並改變事物，這就是為何要研修教法和修持的原因。當我們理解更多，而且能更加熟練地運用在生活中時，我們的心就會更靈活，會開始真正理解曾經被教導的教法，例如什麼是清明、什麼是如幻的體驗、苦從哪裡來、我們的真實本性是什麼。一旦開始了解為何自己的行為會引起更多痛苦的成因時，我們就能做出不同的選擇。我們會愈來愈厭倦於狹隘的自我認同感和引致許多不必要痛苦的反覆習性，如此一來，我們就會放下負面的情緒，訓練自己克服散亂，並安住於清淨的當下。

夢也是如此。夢修持是次第的進展，隨著修持的增長，我們會發現夢修持的不同方法，於是當我們進入非世俗的夢修持時，此時夢中的情節和解夢就變得不重要了。我們更著重在夢的成因，而不是夢的本身。

我們沒有理由不透過夢瑜伽幫助自己達成世間的目標。有一些修持會著重在我們所關切的世俗事物上，例如引導我們以健康、預測未來、指引、淨化不健康的「業」、心理習性、療癒等作為夢修持的目的。這條修道很實際，也適合所有的人，然而，運用夢瑜伽能利益世俗的世界固然很好，但這是一種暫時性的應用。究竟而言，我們不只是要運用夢來改善世俗的狀況，而是要從中獲得解脫。

第三部

夢瑜伽的修持

夢瑜伽依據的是清醒生活時

我們運用自心的狀態。

我們如何運用自心，

會決定睡覺時做夢的種類與清醒時的生活品質。

第一章　境相、行為、夢與死亡

在境相、行為與夢中保持覺知

《母續》中開示，如果一個人在境相（vision）中沒有覺知，他就不會覺知到自己的行為；如果不覺知自己的行為，他在夢中就不會有覺知；如果他在夢中沒有覺知，他在死後的中陰就不會有覺知。

這是什麼意思呢？在此所說的「境相」並非只有指眼睛見到的現象，而是指整體的體驗，包括每一個感知、感覺、心理和情緒的活動，以及看似存在於我們之外的一切事物。「境相」就是我們「看成」體驗的東西，它是我們的體驗。「在境相中沒有覺知」就是說你無法見到在體驗中所生起的一切現象的真諦，你會因為二元之心的誤解而被迷惑，錯將心的投射和幻想當作實相。

當我們對於自己所處的真實情況缺乏覺知時，就難以善巧地回應所面對的內、外在生活，於是我們會根據貪執與瞋恚的習氣來回應，而被不快樂和虛幻的希求所驅使。「在行為中缺少覺知」就是指根據這些迷惑而從事的行為，這些行為的結果會強化執著、瞋恨和無明，並且製造出更多負面的習氣。

夢的產生是從掌控我們清醒體驗的同樣習氣而來。在白天，如果我們過於散亂，以致無法看穿「活動心」（moving mind）的幻想與迷惑，那麼我們在夢中幾乎會受到同樣的綑縛，這就是「在夢中沒有覺知」的意思。我們面對的夢中現象，激起我們在清醒時同樣會散亂於其中的情緒和二元反應，如此我們將難以培養清明或進行更深入的修持。

為死亡作好準備

我們進入中陰——死後的中間狀態，就如同在睡著後進入夢。如果我們的夢毫無明性可言，而且是一種迷惑的情緒狀態和習性的反應，我們就已經訓練好自己以同樣的方式歷經死亡。對於中陰狀態的境相做出二元的反應，將導致我們被「業」束縛得更緊，因為我們的來生取決於自己在今生培養的習氣。這就是「在中陰沒有覺知」的意思。

相反地，如果我們能持續在體驗的當下帶入覺知，我們很快地也能在夢中發現這種能力。當在夢中能培養覺知，我們就為自己的死亡作好了準備。夢修持與這樣的次第有關。

為了要進步，我們必須增長心的穩定性，如此才能在體驗和境相之中保持更多的覺知，並增長更善巧的反應能力。所以，我們首先要做的修持就是「止」，這個修持會訓練心的止靜、專注和警覺。

如果在體驗中帶入更多覺知，我們就能克服依於「世俗心」的迷惑所作的反應習氣。四種基礎修持會讓心更靈活，這些修持是訓練自心運用清醒體驗時的每一個對境，作為增長清明和覺知的成因。一旦我們緊握不放的業力反應鬆開時，我們就能採取正向的行為。這就是「將覺知帶到行為」上。

我們在清醒體驗時培養的穩定覺知，如果能表現在行為中，那麼，覺知就會自然地在夢中生起。主要的修持是透過對於氣、脈輪和心的理解，而去增強夢中的覺知，這是睡著之前和晚上的三個清醒時段的修持。一旦達到清明，在夢中就要進入更深入的修持，如此就能培養心的靈活性，並且突破將我們綑縛在輪迴中的限制和誤解。

正如在清醒生活中培養的清明和覺知能帶入夢中，在夢中培養的清明和覺知也能帶入死亡。如果一個人的夢瑜伽修持已經獲得成就，他在死後進入中陰時就能帶著正見，以及證得解脫所需要的穩定的無二覺性。

修持的順序如下：對於體驗第一剎那的覺知；對於自己回應的覺知；在夢中的覺知；在死亡中的覺知。

我們無法從最後的部分開始修持。你可以評估自己修持的成熟度：當面對所體驗的現象時，檢驗自己的感覺和對於感覺的反應。你是否受到對境的影響，或能控制自己對於對境的反應？你是否陷入自己貪著和瞋恚的情緒反應，或在不同的情況下，都能保持穩定的覺知？

如果你的答案是前者，那麼修持將會培養你的覺知，幫助你從「業」的制約和反應之中解脫出來；如果答案是後者，你會持續地增長覺知的穩定性，你的夢將有不可思議的改變。

第二章　修持「止」

一位修行有成的夢瑜伽行者必須保持相當的穩定覺知，才不會被業力情緒之風吹動，也不會迷失在夢裡。他的心是穩定時，做夢的時間會變長，而且夢更為完整、更容易記住，也更加清明，因此在清醒時的生活狀態也會更好。我們會發現自己逐漸地不會被導致散亂和不快樂的習慣情緒反應帶走，反而能培養令自己快樂和幫助心靈修持的正面特質。

所有的瑜伽和心靈訓練都包含增強專注力和令心平靜的一些修持。在西藏的傳統中，這個修持就是「止」。培養自心的穩定有三個階段——強力的「止」、自然的「止」和究竟的「止」。「止」是從內心專注在一個對境（有所緣止）開始，當專注力足夠穩定時，就進入沒有對境的「止」（無所緣止）。

五支禪修坐姿

這個修持是以五支禪修坐姿作為開始：

五支禪修坐姿：(一) 兩腿交叉盤坐；(二) 雙手交疊，掌心朝上，放在大腿上；(三) 脊椎挺直，但不僵硬；(四) 頭微微向下，讓脖子伸直；(五) 眼睛放鬆，不必張太開，也不要太緊閉。

（一）兩腿交叉盤坐；

（二）雙手交疊，掌心朝上，雙手置於禪修坐姿時的大腿上；

（三）脊椎挺直，但不僵硬；

（四）頭微微向下，讓脖子伸直；

（五）眼睛張開。眼睛放鬆，不必張得太開，也不要太緊閉。（見101頁）

專注的對境應該放在眼睛能夠直視的前方之處，不過高也不過低。心專一在對境上時，身體不要移動，甚至不要吞嚥或眨眼睛，即使淚水從臉上流下也不要移動。保持自然的呼吸。

專注於種子字「ཨ」

一般而言，「有所緣止」會以藏文字母「ཨ」（音「啊」，見左圖）作為專注的對象。這個字母有許多象徵的含意，但在此只是用來幫助我們培養專注力。我們也可以運用其他的對境，例如英文字母「A」、一個圖案、咒語的聲音、呼吸等，幾乎所有的東西都可以拿來運用。然而，採用具有神聖性的對境是很好的，因為這可以啟發我們。此外，每次修持時儘量採用相同的對境，別改變對境，因為持續性可以幫助我們的禪修。專注在身體以外的實體對境比較好，因為修持的目標就是要培養感知外境時的穩定性，最終是希望在感知夢中對境時也能保持穩定。

如果你想要以藏文的「ཨ」作為專注的對境，你可以把它寫在一張紙上，大約一英寸的大小。傳統上，這個字是白色的，被五圈顏色包圍。最中央的圓圈，也就是「ཨ」字的背景是靛藍色，向外依序是藍色、綠色、紅色、黃色和白色。把這張紙貼在一根棍子上，它的高度正好是你禪坐時的視線高度，將這根棍子架在底座上以保持直立。把「ཨ」字放在距離眼睛一英尺半之外的距離。

在修持的過程中會有許多進步的徵兆。當你的專注力增強，修持的時間變長，身體會出現一些奇妙的感覺，許多奇特的視覺現象也會顯現。你也許也會發現自己的心在做一些奇怪的事情，這都無妨，這些體驗是專注力增長的自然現象，心平靜時就會生起這些現象，所以別被這些體驗干擾或感到興奮。

藏文種子字「ཨ」（啊）。你可以把它寫在一張大約一英寸的紙上，放在距離眼睛一英尺半的地方，幫助我們培養專注力。

強力的「止」

修持的第一個階段稱為「強力」（forceful），那是因為此階段需要努力。心很容易一下子就變得散亂，甚至要專注在對境上一分鐘都做不到。剛開始要以短時間、多次數的方法，交替修持與休息。休息時，別讓心四處游移，你可以念誦咒語、做觀想或其他已知的修持，例如培養慈悲心。在休息之後，回到專注力的修持。如果你打算要修持，但一直未採用特定的對境，那麼可以觀想額頭有一個光球，把注意力放在那裡。一天至少修持一、二次，如果有空的話，可以多做幾次。培養專注力就如同增強身體的肌肉，運動必須規律且頻繁。如果要更強壯的話，就必須挑戰自己的極限。

心保持在對境上，不追隨過去或未來的念頭，別讓幻想、聲音、身體的感覺或其他令人分心的事把注意力帶走。就讓自己保持在當下的感官覺受，置入全然的力道和明性，將眼睛專注在對境上，對於對境保持完全的覺知，一刻也不散亂。輕柔地呼吸，再輕柔些，直到呼吸的感覺消失為止，讓自己緩慢地進入更深層的安靜和祥和之中。確定身體是放鬆的，專注時不要緊繃，也不應讓自己落入恍神、昏沉或發呆之中。

不要去思惟對境，只要如實地安住在覺知中，這是很重要的區別。思惟對境並不是我們要培養的專注，重點是：只要把心放在對境和對於對境的感知上，持續地在對境上保持覺知而不散亂。心的散亂通常會發生在一開始時，這時就輕柔地把心帶回對境，然後把心放在對境上。

自然的「止」

心的穩定性增長之後，所要進入的第二個修持階段是自然的「止」。在第一個階段中，專注力的增長是透過持續地把注意力放在對境上，並且培養對於難馴之心的控制力。在第二個階段，心已全神貫注地專注在對境上時，我們不再需要強迫心維持不動。輕鬆和愉悅的止靜已經穩固，心是寂靜的，即使有念頭生起，心也不會偏離對境。身體的元素協調，氣在全身平穩和輕柔地運行。此時，就可以轉換到沒有對境的「止」。

捨棄實體的對境，單純地專注於虛空。眼睛凝視寬廣的虛空是很有幫助的，例如看著天空。但是這個修持也可以在一個小房間裡進行，你可以專注在自己的身體與牆壁之間的虛空，保持在穩定和平靜之中。讓身體放鬆，別專注在虛空中一個想像的焦點，心保持著強烈覺知的同時，讓心擴散，我們稱此為「心消融在虛空中」或「心與虛空融合」。這樣的修持會帶來穩定的止靜，並朝著第三階段的修持「止」前進。

究竟的「止」

第二階段在專注對境時，仍然有一些安止於對境上的粗重覺受，然而，第三階段的心除了止靜之外，還具有輕安、輕鬆和調柔的特性。念頭生起時會自然而然且不費力地消融，心與其自身的活動已經合為一體。

在大圓滿的傳統中，上師向弟子介紹心的本然狀態是一種傳統。因為弟子已經培養出「止」的能力，因此上師就能為弟子指出弟子已經生起的覺受，而非為他描述一種必須達到的全新狀態。這就稱為「直指心性」的教導，這個意思是引導弟子認知本來就存在的狀態，分辨念頭之中的「活動心」，以及心性中的概念——清淨無二的覺性。這就是修持「止」的究竟階段，安住在無二的狀態，也就是本覺自身之中。

三種障礙

在修持「止」的過程中，必須克服三種障礙：掉舉、昏沉和懈怠。

掉舉

掉舉會導致心無休止地從一個念頭跳到另一個念頭，並且難以專注。如果要避免這種情形，在進行禪修之前必須先讓自己安靜下來，避免過多的身體或內心的活動。做一些和緩的伸展運動，可以幫助你放鬆身體和平靜自心；入座時，做幾次深緩的呼吸。一旦開始練習就立刻讓心專注，避免養成禪坐時便胡思亂想的習慣。

昏沉

第二個障礙是昏沉或昏睡，心會進入一種模糊不清、沉重和委靡的狀態，而使覺知變得遲鈍。在這種狀況下，可藉由心強力地專注在對境上來突破昏沉。你會發現昏沉其實是心的一種活動，透過強力的專注便可停止這種狀態。如果這個方法無效的話，那就休息一下，舒展一下身體，也許站著做一些修持也無妨。

懈怠

第三種障礙是懈怠。當這個障礙發生時，你可能會感覺自己的心很平靜，然而，卻是處於一種惰性的和疲弱的心境之中，毫無專注的力道。認出這個狀態很重要，因為這可能是一種愉悅和放鬆的覺受。如果把這種狀態誤認為是正確的禪修，將導致修行者耗費多年的時間培養這種錯誤禪修，心識的特質也不會獲得任何增長。如果你的專注力失去力道，且修持變得鬆散，那麼就應挺直身體，喚醒自己的心。增強注意力，謹慎地注意覺知的穩定性。把修持視為一件珍貴的事情，因為它確實是如此；把修持視為引導我們證得最高了悟的一件事情，因為它確實是如此。增強你的動機，心的覺醒就會自動增強。

在心達到平靜、穩定之前，你每天都應修持「止」。這不僅是前行準備的修持，這對修行者生命的任何時刻都有幫助，即使是高度了悟的瑜伽士也會每天修持「止」。透過「止」

而增長心的穩定性，這是夢瑜伽和所有其他禪修的基礎。一旦能在平靜的覺知中保持強力和可靠的穩定性，我們就可以在生命各個層面開展這種穩定性。當我們穩定時，如果能一直保持在這覺知中，我們的心就不會被念頭和情緒帶走。就算是睡著之後，習氣繼續製造夢的影像，我們還是能保持在覺知中。這時，睡夢瑜伽的大門就為我們開啟了，讓我們進入更進一步的修持。

第三章 四種基礎修持

夢瑜伽一共有四個主要的基礎修持。傳統上我們稱之為「四種前行」(Four Preparations)，但是這並不意味它們比較次要，而在它們之後才是「真正的」修持。它們是前行準備，意指它們是主要修持成功與否所依賴的基礎。

夢瑜伽依據的是清醒生活時我們運用自心的狀態，這就是基礎修持所要修練之處。我們如何運用自心，會決定睡覺時做夢的種類與清醒時的生活品質。如果你在清醒生活時改變與外境、人們的關係，那就會改變夢的體驗。終究而言，活在清醒生活之夢的「你」與活在睡眠生活之夢的「你」兩者會是相同的。如果你一整天都在發呆，被「概念心」的造作所綑縛，你在夢中大概也會處於相同的情況。如果你在清醒時更為覺知，那麼在夢中也會體驗到相同的覺知。

一、改變習氣

第一種基礎修持的其中一個方法在西方頗負盛名，因為研究夢的人與對夢有興趣的人都發現它有益於生起明性夢。這個方法就是在整個白天都修持「生命的本質如夢一般」的認知，直到同樣的認知開始在夢中顯現。

早上一起床時，在心中思惟：「我在夢中醒來。」當你走進廚房，認知這是一個夢的廚房，然後把夢的牛奶倒入夢的咖啡中。「這全都是夢」，你在心中思惟「這是夢」。一整天都要不斷地提醒自己。

在此要強調的其實是你——做夢者，而非你體驗到的對境。不斷地提醒自己這些都是你夢出來的體驗，例如你感到憤怒、快樂、疲倦和焦慮，這些全都是夢的一部分。你珍愛的橡樹、你開的車子、你說話的對象，這些全都是夢的一部分。你以這種方法在心中製造一種新的習氣，也就是把這些體驗看作是無實體的、短暫的，並且與心的投射緊密連結。當能將現象視為暫時的和無實體的，我們的貪執就會降低。每個感官接觸與內心活動都成為一個提醒，提醒我們的體驗本質如夢一般。這種理解最終會在夢中生起，於是我們能認出夢境，並且增長清明。

想要理解「一切都是夢」的信念，有兩種角度可以切入。首先，就是把這個信念視為改變習氣的一種方法。這個修持就如同所有的修持，它會改變修行人面對世界的心態，它會改變我們以往面對現象時的習慣和大量的無意識反應，於是我們的生活和夢的品質便會改變。當我們認為所有的體驗「只是夢」時，體驗就會變得比較不「真實」，它會失去控制我們的力量，而這個力量其實是我們賦予它的。一旦體驗失去控制力，它就不再困擾我們，不再迫使我們陷入負面的情緒中，而且我們開始能以更多的平靜、更強的明性，甚至是更加珍惜的心態，來面對所有的體驗。就某種意義來說，這是一種心理修持，因為這方法會改變我們對於遠離概念意義的事物所投射的意義。當從不同的角度看待體驗時，我們就改變了對待體驗的反應，於是行為的習性會被改變，夢的根源也會被改變。

認識這個修持的第二種方法是：了悟清醒的生活與夢其實是相同的；一般的體驗全都是由心的投射所組成；所有的意義都是賦予的；我們體驗到的一切都是受到「業」的影響。我們在此談的是「業」細微和普遍的作用——無止盡的因果循環，以及根據過去留下的痕跡而創造出現在。這種相續性是由每個「業」所造成的，這是呈現「了知萬法是空性的，生命和外境的表象本質是如幻的」的另一種說法。在清醒的生活中，沒有一件真正的「事物」，就如在夢中一般，事物只是短暫和無實質的顯相，這些事物從空性、存在的明光根基中生起，並且「自解脫」。當完全了悟「這是夢」的真諦時，我們就能從錯誤概念的習性中解脫，而能脫離輪迴的惡質生活，在輪迴中我們只會誤將幻想當成實相。當了悟來臨時，我們必然是在當下，因為我們不可能會處於其他地方。想要將完全相同的清明帶入夢中，沒有比白天持續地安住在清明之中更為有效的方法。

如上所述，這個修持的重點是把你自己當成夢來體驗。想像你自己如同幻相，如同夢中人，具有無實質的身體。想像你的個性和各種身分都是內心的投射，且保持在覺知中，也就是你試圖要在夢中培養的同樣清明，同時去感覺自己並無實體且轉瞬即逝，只是光的組合。

如此修持，你會與自己建立起不同的關係，一種自在、靈活和寬廣的關係。

做這個修持時，只是一再地重複「你在夢中」是不夠的，必須去感覺和體會這句話的真義，要超越文字。你可以運用想像力、感官和覺知，全然地將感覺融在修持裡。當你正確地修持時，只要思惟自己在夢中，覺知就會增強，且覺受會更加鮮明。如果在修持時未即刻產生這種質變，便要確定自己在修持時，是否只是機械化的重複這個句子，如果真是如此，那是不會有所助益的。只是在心裡想著公式並不會發生任何奇蹟，「你在夢中」這句話是用來提醒自己，當下要置入更多的覺知和平靜。在修持這個認知時，透過增強明性和覺知來「喚醒」自己，一再、一再地練習，直到你只記得「這是夢」的念頭，在此同時，增強覺知的力度和明晰度。

把整個生命視為夢，這是第一個前行準備。這應該運用在感知發生的當下、反應生起之前。這個修持很有力量，對修行者的影響也很大。安住在這個覺知中，你將會在清醒和夢中體驗到清明。

關於這個修持有一點告誡：修行者要承擔責任，並且尊重世俗生活的規則和限制，這一點很重要。當你告訴自己，清醒的生活是一場夢，那確實是如此，但是，如果你去跳樓，還是會摔下來，並不會飛起來；如果不工作，帳單會付不出來；如果把手放到火裡，就會被燒傷。以世俗世界的現實為基礎是很重要的，因為只要有「你」、「我」，就會有我們居住的世俗世界和其他受苦的眾生，以及從我們的決定而產生的結果。

二、去除貪執與瞋恚

第二個基礎修持是更進一步地減少貪執和瞋恚。第一個前行準備修持是運用在面對現象的當下和反應生起之前，第二個修持則是在反應生起之後的練習。基本上，這兩者是同樣的修持，差別只在於應用的情況和專注的對境不同。第一個修持是引導清明的覺知，並認識到我們面對的萬物都是夢，例如感官對境、內心活動、自己的身體等。第二個前行準備針對的是將同樣清明的覺知，導入被情緒影響的反應，這些反應是對於各種體驗的回應。

理想上，這個修持應該在對於某一對境或情境產生貪執或瞋恚時，就能立刻應用。貪執的心可能表現為欲望、憤怒、嫉妒、傲慢、羨慕、悲傷、絕望、喜悅、焦慮、沮喪、恐懼、無聊或其他的情緒反應。

當反應產生時，提醒自己：「我自己、對境和我於對境的反應全都是夢。」在心中告訴自己：「這個憤怒是夢，這個貪欲是夢，這個憤慨、悲傷、興高采烈都是夢。」當你去注意情緒形成的心理過程，也就是情緒是由念頭、想像、身體狀態和感覺等彼此之間複雜的互動而生，這句話的真義就會更清楚。情緒反應並不是從「外在的」對境產生，因為當情緒生起，我們經驗到它，最後它會止息在我們的心中。

有無數的刺激物導致我們做出反應，例如我們的目光被俊男美女所吸引；為前方的駕駛超車搶道而憤怒；對於毀壞的環境產生反感或悲傷；對於某個情境或人感到焦慮和擔憂……。

我們應該將每一種情境與反應都視為夢，不要只是漫不經心地對著體驗拋下「這是夢」這句話，試著真正去感受內在生命的如夢特質。當你真正感受到這個信念，它不只是一個想法，你與環境的關係就會改變，緊張和情緒化地抓住現象的情況也會鬆開。情況變得愈來愈明朗、愈來愈寬廣，而且你會直接認知到貪執和瞋恚其實是令人不舒服的束縛。這個方法能有效地對治負面情緒所造成的幾近佔有和執迷的狀態，運用這個修持所帶來的直接確定的覺受，將會解開負面情緒的繩結，而開始真正地進入清明和靈活的修持，這將通往隨之而來的解脫。只要持續地修持，即使是憤怒、沮喪和其他不快樂的強烈情緒也能被釋放；當這些情緒生起時，它們就會消融。

教法通常會說這個修持是放下執著的方法，此方法可以分為健康和不健康的兩種。壓抑貪欲能夠產生一點作用，但是之後會轉變為內心的混亂、對外的指責或自我的忍耐。有的方法則違背了心靈的開展，為了阻斷體驗，它們會以分散注意力或繃緊身體的方式逃離痛苦。健康的方法則是放下世間的生活，然後出家；不健康的方法是用壓抑和逃避的心態去逃脫艱難的體驗。

夢瑜伽斷除執著的方法，即是改造我們對於對境或情境的感知和理解，藉由改變看法，修行者能看透對境的如幻顯現其實是光耀的、如光明般的實相。隨著修持的進步，修行者不只能以更強的明性和鮮活感來體驗對境和情境，同時也能認識到它們是短暫的、無實體的，而且轉瞬即逝。這個認識會摧毀現象在世俗面的重要性，並且減少因為偏好而產生的貪執和瞋恚。

三、強化動機

第三個前行準備包含在睡前檢視白天的狀況，並且加強晚上修持的動機。當你準備入睡前，讓白天的記憶生起，不論心裡想到什麼，都要認知這是一個夢。當你回憶時，最容易生起的記憶會是強烈的體驗，足以影響即將發生的夢。在檢視的過程中，試圖將這些生起的記憶當成是夢的記憶，記憶其實非常類似於夢。再次提醒各位，這不是自動貼上標籤，不是一再地重複說「這是夢」的一個儀軌。試著真實地去領會這種體驗的如夢本質，讓這些投射能一直維持在心上，去感受「記憶猶如夢的記憶」的體驗與夢之間的差異性。

接著，增長強烈的決心：「我要認出夜晚的夢的本來面目。」盡可能地生起最強烈的動機：「在做夢時，我要直接、鮮明地認識到我在做夢。」這個動機就如一支箭——一支射向在夢中保持清明的箭，它能幫助你在晚上繼續保持覺知。西藏有一句用來增強動機的話，可以譯為「送出願望」（send a wish）。此處我們應該要有這樣的感覺，將自己的祈願和動機送往上師、諸佛和本尊，誓願保持覺知，並且請求他們的協助。睡前也有其他的修持，但是這個練習適用於每個人。

四、培養記憶力與歡喜的精進

第四個基礎修持是早上一醒過來時所做的修持。這個修持會培養強烈的動機，也能增強憶起晚上內心活動的能力。

一開始先回想前一個晚上，這個前行修持的藏文字面名稱是「回憶」（remember）。你有做夢嗎？你知道自己在夢中嗎？如果你有做夢，但是無法達到清明，你應該反思：「我有做夢，但我並未認出自己在做夢，但那就是一個夢。」你下定決心，下一次入夢時，一定要在夢中知道夢的真實本質。

如果你發現自己很難記住夢，那麼可以在一整天，尤其是睡前，生起一個要記住夢的強烈動機，這樣做將會有所幫助。你也可以用筆記本或用錄音機把夢記錄下來，這會強化你把夢視為是有價值的一種習慣。在睡前準備筆記本或錄音機的行為，將幫助你在一醒來就能記起夢的動機。只要你增強並維持動機，記住夢對每個人而言都不難，甚至是幾天前的夢都能記住。如果你做了個明性夢，要對這樣的成果感到快樂，要與這個修持培養一種愉快的關係，並且決意在隔天繼續修持清明的夢。不斷地培養動機，讓成功和失敗成為達成這個修持的更強烈動機，甚至連這個動機也要了知為夢。

最後，在早上的時候生起一個強烈的動機：「我一整天都要保持修持。」然後全心全意地祈願自己的修持成功。祈願具有魔力，我們每個人都有這種能力，只是忘了去運用。

把這個修持與第一個基礎修持結合，認知到所有的體驗都是夢。按照這樣的方式進行，你就能夜以繼日不間斷地修持。

修持的連貫性

我們不能輕忽這四個前行修持對於夢瑜伽後面階段的重要性，它們實際上比看起來的更有力量，而且是每個人都能做的修持。它們比起許多修持更著重在心理層面，且對修行人而言並不困難。如果只是在睡前修持，如此可能無法產生作用，但是在白天持續修持這些前行，想要在夢中達到清明就容易多了，然後再繼續更深入的修持。做這樣的修持，讓一切事物都成為回到覺知的成因，這對於日常生活有很大的益處，也能讓我們成功地修持夢瑜伽。

如果你未獲得立即的成果，即便必須有長時間的修持才能使夢達到清明，你也不必灰心，不要覺得這樣做沒有用處，也別認為自己無法成就這個修持。想想看，你十歲時的想法、行為與現在的你比起來，你一直都在改變啊！所以別讓自己卡住，不要以為今天修持所面臨的侷限會延續到未來。要知道沒有任何事物會一成不變，你無須認為事物現在展現的狀態必然會持續下去。去體驗生命中鮮活的、光燦的與如夢的本質，讓你的體驗更為寬廣、明亮和清澈。當你的夢和清醒的生活已經能夠保持清明時，你就有更大的自由讓生命過得更為正面，最後就能全然地放下偏執和二元性，並安住於無二的覺性中。

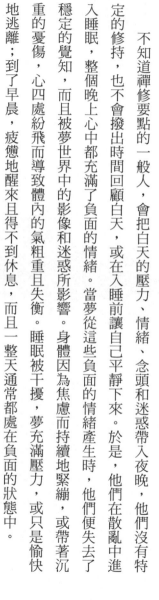

第四章 夜晚的準備

不知道禪修要點的一般人，會把白天的壓力、情緒、念頭和迷惑帶入夜晚，他們沒有特定的修持，也不會撥出時間回顧白天，或在入睡前讓自己平靜下來。於是，他們在散亂中進入睡眠，整個晚上心中都充滿了負面的情緒。當夢從這些負面的情緒產生時，他們便失去了穩定的覺知，而且被夢世界中的影像和迷惑所影響。身體因為焦慮而持續地緊繃，或帶著沉重的憂傷，心四處紛飛而導致體內的氣粗重且失衡。睡眠被干擾，夢充滿壓力，或只是愉快地逃離；到了早晨，疲憊地醒來且得不到休息，而且一整天通常都處在負面的狀態中。

即使是未修持睡夢瑜伽的人，如果能夠為睡眠作準備，好好認真地看待睡眠的話，也會很有幫助。在睡前盡可能地淨化自心，就如同要禪修之前，這樣會生起更多的覺知和正面特質。與其把負面的情緒帶入夜晚，倒不如運用你知道的各種技巧，讓自己脫離這樣的情緒。如果你知道如何讓情緒「自解脫」——讓情緒消融在空性中，那麼就做這樣的修持。如果你知道如何轉化情緒或對治情緒的方法，那麼就運用你所知道的方法。試著與上師、本尊*（yidam）和空行母產生連結；向諸佛和本尊祈請；生起慈悲心。運用任何能擺脫身體的緊繃和負面心態的方法，不要被干擾，保持一顆輕鬆自在的心，你的睡眠將會得到更多的休息和療癒。即使你無法練習這個修持的其他部分，但這部分是個很好的修持，每個人都可以放入生活之中。

以下是睡前的一般準備，但別把自己侷限於此。重要的是心要覺察自己的行為，要覺察自己是如何受到影響，然後運用智慧讓自己平靜下來，回到當下，為晚上開啟契機。

九節佛風

你也許已經注意到身體承受的緊繃，以及緊繃對呼吸的影響。當那個與自己處不來的人走入房間時，我們的身體就會緊繃，呼吸變得急促；在害怕時，我們的呼吸又快又淺；在憂傷時，呼吸通常會很深長，且會不時地嘆氣；如果有位自己很喜歡並關愛的人走進房間，我們的身體就會放鬆，呼吸也會變得很鬆坦。

與其等待體驗來改變自己的呼吸，我們可以刻意地從改變呼吸來轉變體驗。「九節佛風」（nine breaths of purification）是一個簡短的修持，能夠清理和淨化我們的脈，並放鬆我們的身心。關於脈的圖像請參考本書的第49頁。

以雙腿交叉的姿勢坐著。雙手交疊置於大腿上，掌心向上，左手在右手之上。頭微低，讓脖子伸直。

觀想體內有三條氣脈。中脈是藍色的，貫穿身體的中央，有如藤杖大小，從心間到頭頂處比較粗。兩旁的脈直徑有如鉛筆的寬度，三條脈在中脈的底部交會，大約是肚臍下方四英寸處。左、右兩脈沿著中脈兩側貫穿身體，在顱骨頂向下彎曲，穿過眼睛的後方，開口在鼻孔處。女性的右脈是紅色，左脈是白色；男性的右脈是白色，左脈是紅色。

前三次呼吸

男性：舉起右手，同時右手大拇指壓在無名指下方。以無名指壓住右鼻孔，觀想從左鼻孔吸入綠光，接著以右手無名指壓住左鼻孔，然後從右鼻孔將氣完全吐盡。重複三次吸氣和吐氣。

女性：舉起左手，同時左手大拇指壓在無名指下方。以無名指壓住左鼻孔，觀想從右鼻孔吸入綠光，接著以無名指壓住右鼻孔，然後從左鼻孔將氣完全吐盡。重複三次吸氣和吐氣。

每一次吐氣，觀想與陽性力量有關的障礙，以淺藍色氣的形態從白色的脈吐出。其中包括與風（氣）有關的疾病，以及跟過去有關的障礙和障蔽。

第二次的三呼吸

男性與女性：換成另一邊的手和鼻孔，重複三次吸氣和吐氣。每一次吐氣，觀想與陰性力量有關的障礙，以淺粉紅色氣的形態從紅色的脈吐出。其中包括與膽有關的疾病，以及跟未來有關的障礙和障蔽。

第三次的三呼吸

男性與女性：左手疊在右手上，掌心向上置於大腿上。從兩邊鼻孔吸入綠色療癒的光，觀想光從兩脈向下至與主脈的交會處，即肚臍下方四指寬的地方。吐氣時，觀想能量從中脈上升，然後從頭頂排出去。完成三次的吸氣和吐氣。每一次吐氣，想像與惡靈相關的疾病力量，以黑煙的形態從頭頂排出。其中包括與痰有關的疾病，以及跟現在有關的障礙和障蔽。

上師相應法

「上師相應法」（guru yoga）是藏傳佛教和苯教所有教派的基本修持，在經典、密續和大圓滿中都是如此，它是培養與上師之間的心的連結。透過不斷地增長虔敬心，我們就會達到清淨虔敬之地，這是不可動搖的、強而有力的修持基礎。上師相應法的精髓就是修行者將自己的心與上師的心融合為一體。

什麼是真正的上師？真正的上師是無形體的，是心的基本本質，是萬物本初覺性的根基。由於我們活在二元性之中，所以以形體的方式觀想上師，對我們將會有所助益。如此觀修時，我們善巧地運用了二元分立的「概念心」，不但可以更增強虔敬心，並且能幫助自己朝著修行前進，以及增長正面的特質。

在苯教的傳統中，我們通常會觀想塔比日扎（Tapihritsa，見左圖）或*仙拉·歐喀佛（Buddha Shenla Odker）為上師，他們是一切上師的總攝。如果你已經是一位修行者，便可以觀想別的本尊，例如蓮花生大士或其他的本尊和空行母。觀想與自己傳承有關的上師很重要，但你應該要知道所觀想的上師是一切與自己有緣上師的化身，是你曾經向他學習之上師的化身，是你與他有誓約之本尊的化身。上師相應法中的上師不只是某一位，而是證悟的本質，是本初覺性，即自己的真實本性。

上師也是你從他那裡領受法教的老師。在西藏的傳統中，我們會說上師比佛陀還要重要。為什麼呢？因為上師是法教的直接傳遞者，是將佛陀智慧帶給學生的人。如果沒有上師，我們無法認識佛陀。所以，我們對於上師的虔敬心，應該猶如佛陀突然出現在面前時的虔敬程度。

上師相應法不只是增長對於觀想境的感覺，而且可透過修持它去尋找自己的本初心，這本初心與你所有的上師、曾經住世的諸佛和證悟者的心，都是相同的。當你與上師融合為一體時，你也融入了自己本初的真實本性，這是真正的指引和上師。但是，這不應該是一個抽象的修持，修持上師相應法時，應試著去感受這強烈的虔敬心——你背脊的寒毛直豎，眼淚從臉上落下，你的心敞開並充滿大愛。讓自己與上師的心合而為一，這就是你證悟的佛性。

塔比日扎（Tapihritsa）

這就是修持上師相應法的方法。

修持

在「九節佛風」之後，維持禪修坐姿，然後觀想上師在你的面前上方。你所觀想的上師不應該是平面的圖畫，要觀想他真的就在你的面前，是立體的、由光所組成的、清淨的，這強烈的存在感覺影響了你的身體、能量和心。在心中生起強烈的虔敬心，思惟教法這偉大的禮物，由於自己的大福報所以能與法教結緣。獻上誠摯的祈願文，祈求能掃除惡業和障蔽，能增長善功德，並且能圓滿夢瑜伽的修持。

接著，想像你領受上師的加持，從上師的身、語、意三個智慧門向你放射出三色的光芒。光芒應該以下面的順序放射：從上師的額輪放射出白色光束至你的額輪，淨化並鬆弛你的全身和身體面向；從上師的喉輪放射出紅色光束至你的喉輪，淨化並鬆弛你的能量面向；最後，從上師的心輪放射出藍色光束至你的心輪，淨化並鬆弛你的心。

當光芒進入你的身體時，去感覺它。讓你的身體、能量和心放鬆，讓智慧之光充滿你。運用你的想像力，讓加持真實地成為你全部的體驗，進入你的身體、能量和內心的影像之中。

領受加持之後，想像上師融入光中，然後進入並駐留在你的心中，成為你內心深處的本質。想像你融入這個光中，並安住在清淨的覺性（本覺）之中。

上師相應法有更為繁複的教導，其中包括頂禮、供養、手勢、咒語和更繁複的觀想，但修持的精髓是將你的心與上師的心合而為一，也就是清淨、無二的覺性。上師相應法可以在白天的任何時間修持，修持的次數愈多愈好。許多成就者提到，在所有的修持中，上師相應法是最重要的。這修持賜予行者傳承的加持，開啟並柔軟行者的心，使難以駕馭的心平靜下來。完全成就上師相應法的修持，就等於是成就了修持之道。

營造「護佑」的神聖環境

入睡有一點像死亡，獨自步入一段未知的旅程。對於睡眠，我們通常都不會有什麼擔憂，因為我們很熟悉它，但是在此讓我們想一想它會涉及的狀態。我們會完全消失一段時間，直到做夢時，才會再度出現。此時，我們可能是不同的身分和不同的身體；可能處在一個奇怪的地方，和一些陌生人在一起；也許進行一個看似相當冒險且令人匪夷所思的活動。

僅僅是睡在一個陌生的地方，就可能會引起我們的焦慮。雖然這個地方很安全、舒適，但比不上家裡熟悉環境的睡眠品質。原因可能是我們覺得這個地方的磁場不對，或者僅只是受到自己的不安全感所影響。然而，即使是在熟悉的地方，在等待入睡時，我們也可能會感到焦慮，或害怕自己夢到的夢境。當帶著焦慮睡著時，我們的夢便會夾雜著恐懼和緊張，睡眠就會比較不安穩，修持也比較難以進行。因此，在入睡前營造一個「護佑」的感覺，將睡覺的地方轉為一個神聖的空間，這麼做是很好的。

我們可以想像守護的空行母環繞在自己睡覺的地方，觀想空行母是美麗的天女和證悟的女性，她們充滿慈愛，身體是綠色的，具足威猛的護佑能力。在你睡著時，她們整晚都陪在你身邊，就有如母親看顧孩子，或如守衛環繞在國王、皇后的身邊一般。想像她們無所不在，看守著門窗，就坐在你的床邊，在你的花園或庭院走動等，你可以不斷地想像，直到感覺自己受到完全的保護為止。

再次提醒，這個修持不只是觀想某種事物，除了用你的心看到空行母之外，也要運用你的想像力感受到她們的存在，營造一個可以幫助你平靜、放鬆和睡得更安穩的、護佑的神聖環境。去想像神奇的幻變；透過心改變環境；讓所有的行持，甚至是想像的行持，都發揮其影響力，以上這些都是讓不可思議的事物得以發生的方法。

你可以在臥房擺設具有神聖特質的物品，增加睡眠環境的平靜感，例如祥和且鍾愛的圖像、神聖和宗教的符號，以及其他引導你的心朝向修道的物品。

《母續》告訴我們，睡前應該對於夢的成因、專注的對境、護法和我們自己等保持覺知。在覺知中將這些視為一體——它們不是多樣事物而是單一情境，這對於睡夢修持有很大的幫助。

第五章 主要修持

為了完全達成夢瑜伽的修持，有四項工作必須依序完成：

（一）將覺知帶到中脈；

（二）培養清楚的觀想和體驗；

（三）增長能力和力量，我們就不會迷失；

（四）為了克服恐懼，開展我們忿怒的一面。

這些工作對應到夢的四種特質：寂靜、喜悅、力量和忿怒，也對應至修持的四個階段。

將覺知帶到中脈

在完成白天的前行修持以及睡前的修持（九節佛風、上師相應法、生起慈悲心、觀想守護的空行母、為夜晚的修持生起動機）之後，接著就要進行主要修持的第一部分。

以獅子臥姿躺下，男性向右側臥，女性則向左側臥。膝蓋彎曲以維持身體的平衡，上面的手臂擺在身體的側邊，下方的手臂放在臉頰下方。你可以嘗試採用比較高的枕頭，這樣可以幫助你睡得淺一些，但小心別傷到脖子。輕柔地呼吸，放鬆身體，做深長且安靜的呼吸，吸氣或吐氣時不要發出任何聲音。

觀想喉輪有一朵美麗的四瓣紅色蓮花。喉輪位於喉嚨的底部，位置比較接近脖子和肩膀的交會處，而非靠近頭部的地方。在四片花瓣的中央，有個面朝前、直立且發亮的藏文種子字「ཨ」（啊），清澈透明，就如一個由清淨之光所組成的水晶。就如水晶放在一塊紅布上，反射並顯現為紅色的；同樣地，「ཨ」字也反射出花瓣的紅色，並顯現為紅色。（見左頁）每片花瓣上都有一個種子字：前瓣是「ར」（RA，惹），你左方的花瓣是「ལ」（LA，拉），後方的花瓣是「ཤ」（SHA，暇），

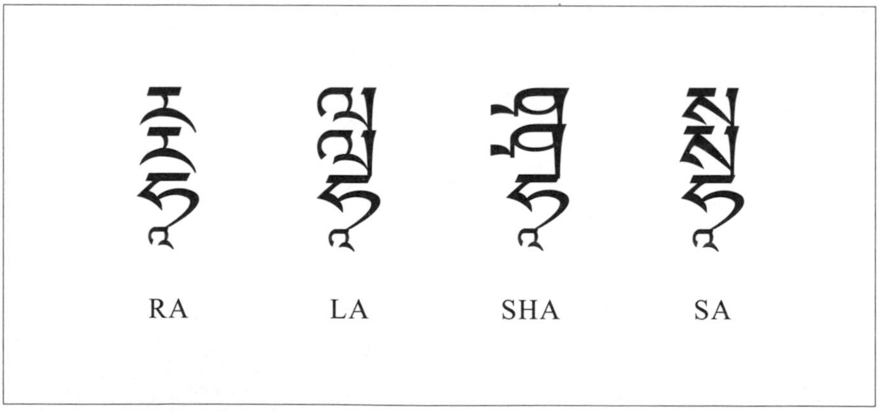

藏文種子字。由左至右：「RA」（惹）、「LA」（拉）、「SHA」（暇）、「SA」（撒）。

脈輪與種子字

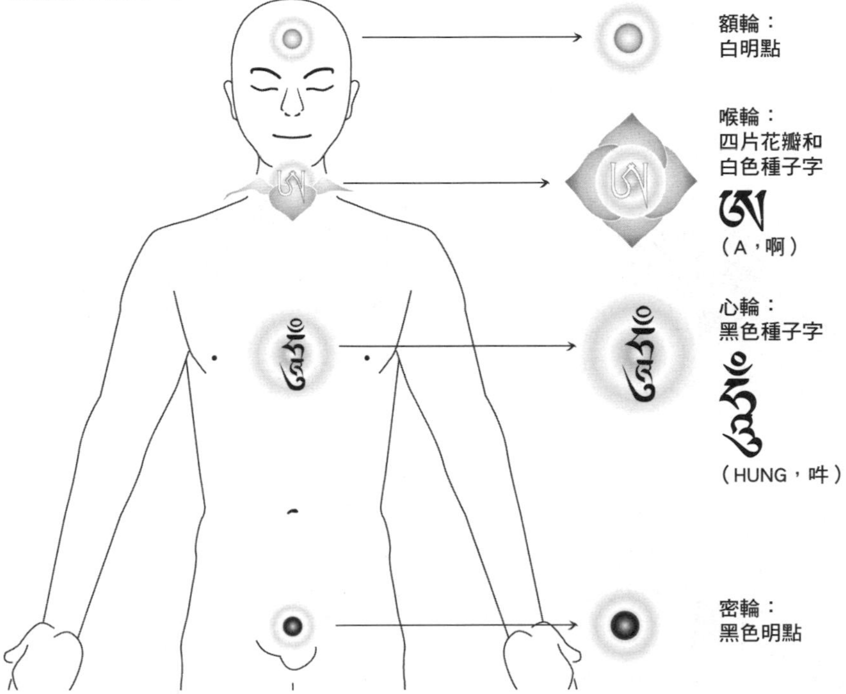
額輪：
白明點
喉輪：
四片花瓣和
白色種子字
（A，啊）
心輪：
黑色種子字
（HUNG，吽）
密輪：
黑色明點

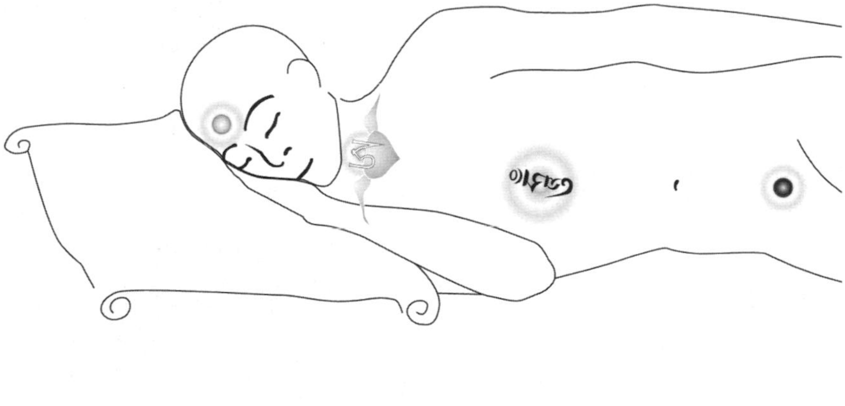

右方的花瓣是「ས」（SA，撒）。（見129圖）當你要入睡時，輕柔而放鬆地安住在「ཨ」字上。

這部分修持的意義是要讓心和氣進入中脈。此時，心的特質是「寂靜」。當與深紅色「ཨ」字合而為一時，我們會在自身中找到寂靜。教法中開示，專注在喉輪會出現溫和的夢，例如夢到空行母親切地邀請做夢者隨行。她會協助做夢者騎上一隻神祕的鳥（大鵬金翅鳥）或獅子，並引領做夢者前往淨土——一個美麗神聖的地方。但是夢境的內容並非完全相同，也可能僅僅只是有人引領你走進一個美麗的花園或山上。夢的特質生起，但不見得有特定的或更多的影像，而是接近一種平靜的感覺。

增強明性

在入睡後的兩個小時，醒來並進行第二部分的修持。傳統上，這個修持是在半夜進行，但現在每個人的作息都不同，所以你可以根據自己的生活而調整修持。

採用與第一部分修持相同的姿勢，男性向右側臥，女性向左側臥。運用下面這種特定的方法呼吸：吸氣，然後輕輕地持氣。輕輕地收緊會陰——骨盆底部的肌肉，這樣你就能感覺到氣向上提起。嘗試去體會會把氣持在肚臍下方，從下方把氣壓緊。你可能會很難想像這樣的呼吸方式，必須實驗一會兒，直到有所感覺為止。不過，最好是由老師教導你修持的細節。

在持氣幾分鐘之後，輕輕地吐氣。吐氣時，放鬆骨盆、胸腔和全身的肌肉，完全地放鬆。重複這些動作七次。

這裡專注的位置是在眉毛相接處正後方稍高處的脈輪。觀想脈輪的中間有一個白色明點*（tiglé）。這是一個明性之點，梵文稱為「Bindu」，這個詞可以指稱很多事物，也有許多不同的翻譯。有的情況是指體內的能量特性；另外的情況則是代表無限的一體。在這個修持中，「明點」指的是一個無實體的小光點，不同顏色的明點代表不同的心識特質，觀想不同顏色的明點則代表進入某個特質體驗之門。

「觀想」明點並非指你必須想像一個靜止不動的圓形白光，而是應該想像你與一個真實存在的物體合而為一。試著以想像的五官感覺去感受明點，與它完全融合為一體，直到生起明性與明光的覺受。有些人透過自身的內在視覺感官就能清楚地看到光，另外有些人比較是透過感覺而非視覺。去感覺明點比看得到它更為重要，而最重要的是與明點完全融合為一體。

當與額輪光亮的白明點相連時，心會保持清澈與覺知。隨著光的覺受增強時，它會變得更為鮮明、更加寬闊，在心的清明持續增強時，將自己融入光中。如果你的睡眠是處於這樣的狀態，覺知會持續，培養明性和相續的覺知是這部分修持的目的，這就是「增強夢的明光」的含意。試著去連結「明光」這個字背後的真正體驗，比喻所要強調的是體驗，比起語言和視覺表現會更具有深度。

因此，透過這部分的修持，夢的特質——「增強」——得以展現。這是往圓滿的方向發展或成長的感覺，是一種創造與豐富的感覺。在《母續》中的例子是，夢中的空行母為做夢者彈奏樂器、唱歌，並帶來花朵、水果和衣物。這裡要再次提醒，這並非說夢中必須有空行母或任何特定的影像，但是當修行者在這部分的修持力增強時，夢會帶有繽紛的愉悅特質。

強化覺知

第三部分的修持是在第二部分結束的兩個小時後進行，大概是睡了四個小時的時候；傳統上，我們認為是黎明前的兩個小時。此階段的修持要採取不同的身姿：躺在高枕上，兩腳輕鬆地交叉，不必像禪坐的姿勢，哪一腳在上都無妨。這個姿勢有點類似睡在飛機的頭等艙座位上，你斜躺在椅子上，但並未完全地躺下。使用高枕能幫助你不會睡得太沉，並且增

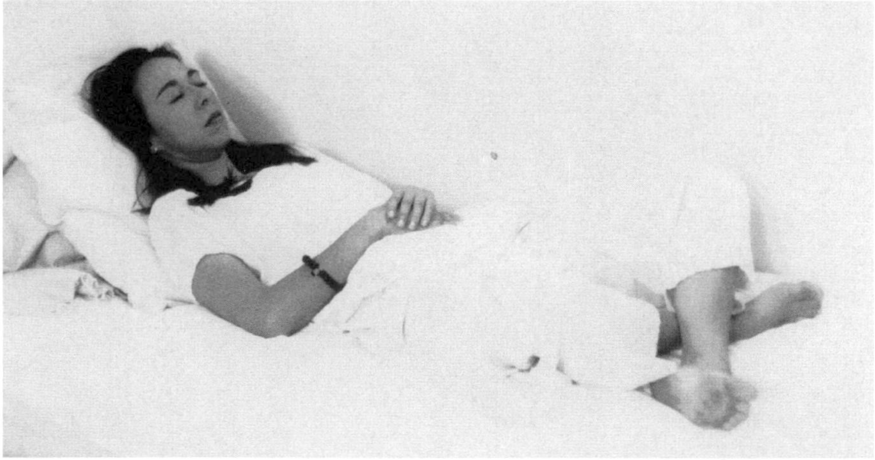

斜躺的禪修姿勢

加夢的清明，但要注意讓脖子保持舒服，別維持不舒服的姿勢。（見132頁）

注意身體的需求是很重要的。我小時候在學校念書時，每天都要盤腿許多小時，因此對我而言，這個姿勢是很容易的，但對於大部分的西方人而言，則是不同的。這個修持並不是要你整晚都在忍受疼痛，而是要持續地保持覺知。你要朝著目標，調整你的修持。

這個部分的修持要做二十一個深長、輕柔的呼吸，對於呼吸要保持完全的覺知。

在此的焦點是心輪，觀想心輪中間有一個發光的黑色種子字「ཧཱུྃ」（HUNG，吽，見下圖）。種子字朝前，跟身體的方向一致。與種子字融合為一體，因此萬物都變成是黑色的「ཧཱུྃ」。讓心輕輕地安住在黑色的「ཧཱུྃ」字上，然後睡著。

在此增長的是第三種特質——力量，你無

藏文種子字「ཧཱུྃ」（音「吽」）

須做任何事情，別膨脹自己「試圖」要感覺有力量，這是要找到你內在已經擁有的力量。力量的感覺也是一種安全感，這部分修持所產生的夢與這種安全感的力量有關。在《母續》中的例子是，夢到一位威猛的空行母，她引領做夢者登上寶座；或做夢者前往一座安全的城堡領受教法；或做夢者獲得父親或母親的認可。重點是夢的特質，而不在於特定的影像。你夢到的可能不是空行母要你登上寶座，而是上司為你升官；或母親安排聚會，要慶祝你的成就，這些夢都是這部分修持的特性。夢中出現的也許不是城堡，而是出現讓做夢者產生安全感的環境；或做夢者夢到的也許不是父母，而是另一位能帶來安全感、平安和力量的人。

增長無懼

第四部分的修持最簡單，因為你在早晨之前都不需要再次醒來，你不必採取特定的姿勢，只要自己覺得舒服就好。這部分也沒有指定的呼吸方法，只要隨著呼吸的自然韻律就好。傳統上，這個部分是上一次醒來的兩小時之後，就在黎明曙光出現之前。

這裡要專注的是「密輪」，它位在生殖器後方。在密輪內有一個黑色的光點——黑色的明點。這是想像力的黑暗面，教法提到此部分的夢很可能會出現忿怒空行母，以及在山上、山谷和湍急小河中出現火焰，或狂風吹毀道路上的一切。這些夢代表元素摧毀了自我的形象，令人心生恐懼，你可以觀察是否有這些情況發生。這個部分夢的特質最後應該會變成是一種忿怒的狀態。

在這個部分的修持，你要進入密輪中的黑色光亮的明點中，讓自己成為它。接著，讓你的心放鬆，只要輕輕地專注於無所不在並遍布感官和心的明亮黑光，然後入睡。

寂靜、成就、力量和忿怒四種特質所涵蓋的影像、感覺、情緒和體驗的範圍很廣，正如前述，你的夢境不一定與教法提到的例子相同。夢的特質才是重點，即情緒的基調、夢給人的感覺，以及在夢裡體驗到的普遍中帶有可能的細微傾向。這是決定夢與哪個脈輪、哪方面體驗有關的方式，而非透過解析夢的內容來決定。這也顯示心與氣專注在身體的哪一個能量系統時，就會產生特定的夢；夢也可能受到當天發生的事件和體驗的影響。透過檢視與夢有關的這一切，於是這些都成為有用的資訊了。

這個修持不用再次醒來，不過你當然會再次醒來，然後展開新的一天。當你醒來時，嘗試在覺知中醒來，然後安住在醒來的覺知中。這修持的目的是在整個夜晚（從睡覺到清醒之間）和整個白天，都能增長覺知的相續性。

睡眠的姿勢

不同的身體姿勢會開啟或壓抑某些能量通道，並且影響細微能量的流動。理解這個原理之後，就可以在修持中以一定的步驟來幫助修持。西藏傳統認為，負面的情緒跟男性體內的右脈和女性體內的左脈比較有關，當男性右側臥時，帶有較多負面情緒的右脈被迫稍微關閉，而左脈則是開啟的。身體器官的肺，在右側臥時也受到輕微地擠壓，於是左肺就更需要負責呼吸。你可能已經很熟悉側睡的效果，當右側臥時，會發現左鼻孔比較容易呼吸。對於男性而言，這個姿勢對於正面智慧氣從左脈運行比較有利；女性則相反，要左側臥才能開啟右側的智慧通道。這姿勢會為夢帶來好的影響，也讓夢修持更為容易。開啟智慧氣的流動是權宜之計，究竟而言，我們要的是平衡之氣進入中脈。

此外，當我們留意姿勢時，在睡眠中更能保持穩定的覺知。在我的家鄉，大部分的人都是睡在三英尺乘六英尺大的西藏地毯上，如果睡眠中的動作太大就會跌下床，但這種情況很少發生，因為當人們睡在狹小空間時，睡覺的心整晚都會控制身體的姿勢。例如，如果有人睡在一個狹窄的窗台上，他會保持一定的覺知不讓自己滾下來。西方的床都很大，睡覺的人可以像時鐘的指針旋轉而不會掉下來。不論如何，控制姿勢能幫助保持覺知。

你可以在自己心思散亂時做這個實驗：改變姿勢，讓呼吸平靜、和緩下來，你便會發現自己滿能專注的。呼吸、氣的運行、身體的姿勢、念頭和心的特質全都是息息相關的，當大家有這樣的認識時，修行者就能有意識地生起正面的體驗。

專注於心

就如不同的身體姿勢會改變能量的流動，並影響體驗的特質，同樣地，以不同的觀想專注在身體上也是如此。主要修持分為四個部分，每個部分都包括專注在四個脈輪中的一輪，並觀想其中有顏色的光，以及明點或種子字。

當我們在脈輪上觀想一朵有顏色的蓮花、明點或種子字時，它們並非真的存在於那裡。「觀想」就如繪畫或符號，代表能量的型態和特質通過那個位置。透過運用這些想像，心較能在身體的準確位置上連結特定的能量，於是心識便會受到那個連結的影響。顏色也會影響心識，我們從平日的體驗就知道，如果我們走進一個紅色的房間，這與走進一個白色、綠色或黑色房間的感覺都極為不同。透過顏色的觀想，是可以幫助我們的心識建立一種特別的特質。

當我們禪修時，比較會認為專注和散亂就如開關，不是開就是關，但並非如此。覺知的專注有不同強度，就如我曾經進入一段長時間的黑暗閉關，出關之後，所有的視覺現象都顯得極度強烈，例如房子和樹，每個顏色和每件物體都非常醒目。我以前看這些相同影像時，它們並不會吸引我的注意，但是待在完全黑暗中五十天之後，我的視覺焦點變得很強烈，所有事物都異常地鮮明。隨著出關的時間一久，視覺現象便開始黯淡，其實視覺現象並未改變，而是我們對於它們的覺知降低了。雖然我體驗到的情況很特別，但是這說明了一項通則

——如果覺知的專注力愈強，我們所有的體驗就會愈鮮明。

修持也是如此，專注力的程度也有階段性的變化。在夜晚一開始進行觀想時，對於明點的專注力可能很強，隨著身體放鬆，睡意來臨，觀想的顯相開始微弱，感官的知覺逐漸消失，我們漸漸失去聽覺、嗅覺、觸覺等。感官知覺和觀想會逐漸地消失，那是因為我們覺知專注的力度和敏銳度降低的緣故。接著，我們可能完全沒有感覺，這是另一個專注力的程度。最後，我們完全沒有感官的體驗，也沒有觀想的圖像。

我們很難注意到這些細微的區別，但是當我們在睡著的過程中帶入更多的覺知時，這些區別就會變得很明顯。即使當影像和感官完全進入黑暗，我們仍然能保持在覺性中。最後，我們能在睡覺時專注於「ཨ」字，整晚安住在此字所代表的清淨覺知中。當我們能如此做時，清晨第一時刻就會在清淨覺知中醒來。

你可能已經有整晚保持專注的體驗。例如，你需要早起赴約，於是在睡覺時就會保持一些覺知。假設你需要在清晨五點起床，你雖然上床睡覺，卻不斷地醒過來看時鐘，保持著「需要早起」的覺知，雖然你並未強化這個概念，也沒有刻意這麼想。這種專注力是很細微的，它就是修持所需要的，它不是強烈的專注力，而是一種輕柔、溫和卻連貫的專注力。如果你的生活有些愉快的事情，於是抱著愉快的心情睡著，那麼每次醒來，你的心情都會很愉快，因為愉快的感覺持續在睡眠之中，你無須牢牢地抓住不放，你的覺知單純地與這個感覺安住在一起。這就是修持明點的方法——與它共眠，就如你與喜悅共眠一般。

將注意力集中在修持明點時，與現象會有兩種不同的關係。其一，心牢牢地執取現象；其二，現象從心中生起。執取現象是屬於比較粗重的二元反應形式，現象被當作本來就存在的實體，有如一個獨立且相異的實體，然後心抓住它。心停止執取現象時，並不表示二元性就消失了，現象仍然會在體驗中生起，並且將現象概念化為不同的實體，只是這樣的概念化會比較細微。第一種可說是比較主動積極的概念化，第二種是比較被動和微弱的概念化。因為第二種比較微弱，因此也比較容易消融在無二的本覺中。

我們可從比較粗重的二元性形式開始修持。我們將對境概念化，並且盡可能地運用想像的感知去增長強烈的體驗，這個方法是：試圖清楚地觀想，更重要的是去感覺它，並讓它影響身體和能量之中的感覺，以及影響心的特質。在覺知之中強烈的建立觀想境之後，放鬆焦點。我們的目的是要讓對境毫不費力地展現，讓它潛藏在心識的表層下，讓心繫在對境上，就如心頭一直記掛著必須早起赴約，或心裡一直懷著非常愉悅的感覺。在此，無須努力或專注，觀想境就在那裡，而你就在其中。你不再製造它，只是認識它、觀察它，就如闔眼躺在溫暖的太陽下，無須專心地想「太陽在那裡」，你的身體就是暖熱的，你和陽光在一起，與它不分離。你並非擁有溫暖和陽光的體驗——無須專注在溫暖和陽光的體驗，而是與它合而為一。這就是觀想的修持方法。

剛開始修持會碰到的一個共通問題，那就是過於專注而導致無法入睡。在修持時，專注力應該是輕柔的且與明點「在一起」，而非強迫心去專注它。這兩者的差異，就有如你平常睡覺時，由於有一些影像和念頭在心裡遊盪，以及情緒化且用力地固著在某個對境上，而導致的失眠。你要讓體驗來教導自己，去注意什麼是可行的或不可行的，然後作調整。如果修持讓你無法入睡，那麼就降低專注的力度，直到可以入睡為止。

專注在明點或種子字上，無論你是執取不放或讓它顯現，這都只是第一步，真正的目的是要與對境合而為一。我們以種子字「ཨ」為例，它是指無生、不變之心的本然狀態，與其專注在這個對境上，我們最好是融入「ཨ」字所代表的周遍本質。其實我們每晚都會產生這個狀態，因為「睡著」（falling asleep）就是「落入」（falling）清淨本覺，但當我們認同粗重的「概念心」時（在熟睡時，「概念心」便會停止運作），我們的覺受是無意識的，而非本覺的覺受。在睡眠中能發現本覺，那是因為本覺已經在那裡了。

如果能超越「對境從心中生起」的概念，那就是「無二」的狀態。心仍然是專注的，但是不去認同概念，念頭也不會習慣性地去觀想明點或「ཨ」字，心只是單純地在覺知之中，不去區分主體與客體。有專注的覺知，但是沒有專注者與專注的對境時，這就是經驗到真正的無二覺性。在「無二」的狀態中，「ཨ」字並不在「那裡」，你也不在「這裡」，影像可能繼續存在，也可能不存在，但無論是哪一種情況，覺受都不會被分立為主體和客體，只有「ཨ」的存在，你就是「ཨ」，就是清淨的無二覺性。我們以「ཨ」字為象徵，當覺受生起，我們以染紅「ཨ」字的紅色花瓣為其象徵，然而，無二覺性的明光並未丟失。以上就是被花瓣光芒映成紅色「ཨ」字的含意。

修行者通常會說，他們難以保持觀想，或觀想會妨礙睡眠。當你理解這樣的修持次第時，就應能釐清這方面的問題。這個次第就是：看到它，感覺它，成為它。當你完全融入對境時，觀想就停止了，這樣是可以的。

教法也指示在死亡時刻做這樣的專注修持。在死亡時，如果你能安住在覺知中，那麼整個過程就會非常不同。在死亡來臨時，安住在覺知中是遷識法（phowa，破瓦法）的真正精髓。遷識法的目的，即是讓心直接進入覺知的清淨虛空——法身*（dharmakaya）——之中。如果修持成功的話，修行者就無須經歷死後的紊亂和紛擾，直接進入明光之中而得到解脫。

如果無法安住在清淨的覺知中，我們就會處於散亂，然後遊盪在夢、幻想、輪迴和來世之中；如果能安住在清淨的覺知中，夜晚就能處於明光之中，白天安住於心性之中，如此一來，我們就能在死後的中陰得到解脫。

如果你想要體驗「觀想」對心識的影響，可以試試下面這個方法：想像你在一片完全的黑暗之中，不只周遭是黑暗的，甚至你的視線、肌膚、上方和下方、身體的每個細胞都是黑暗的，你幾乎可以感覺到、聞到和嚐到黑暗。

現在，想像黑暗突然褪去，光明遍布在你的周圍和體內，遍布的光就是你。

透過細微的想像感官知覺照亮你的內在世界，你應該能感覺到這兩種觀想的差異不僅僅只是想像的視覺層面。在黑暗之中，你的體驗可能比較是恐懼或憤怒的感覺，但是在光明之中，你會有明性的體驗。

現在有另外一個實驗，這實驗的目的是讓你體會修持中所需要的專注。放鬆你的身體，想像喉輪有個紅色明亮的「ཨ」字。這紅光是濃烈、飽滿且美麗的，想像你感覺得到光，它讓你平靜、放鬆，身心都安靜下來，並且療癒你。接著，讓這個光擴散出去，讓它充滿你的喉輪，然後遍布全身。在此同時，光放鬆了身體的每個緊繃之處，一旦被光觸及的地方，就會融入紅光之中，你的全身融入紅光之中。讓光遍滿你的覺知，所以你見到的全部都是明亮的紅光，所有的感覺是平靜的紅光，聽到的聲音全都是祥和的紅光。別只是用想的，而是去體驗它。讓你的心變成紅光，所以沒有「你」在覺知對境，只有紅光覺知到它自己。不論生起什麼主體或客體，就讓它們全部融入紅光之中。身體和能量、世間和內心活動等所有的一切都消融了，直到你也完全地融入紅光之中。沒有「內」或「外」，只有紅光，這就是融入「ཨ」字以及晚上如何專注的方法，也就是與觀想境結合的方法。

修持應按照順序進行

修持一定要按照順序進行。第一部分，專注在喉嚨的「ཨ」字，這是一開始要入睡時的修持。理想上，第二部分是兩個小時之後，第三部分是再兩小時後進行，第四部分是又再加上兩小時。整個晚上醒來是為了保持淺眠，這樣比較容易達成夢瑜伽的修持。你可以用鬧鐘來提醒，無須將晚上切割為精確的每兩小時為一個時段，重點是只要有三個清醒時段的修持。以兩小時為一個時段，是因為大家一般的睡眠時間是八小時。雖然這個清醒時間表有助於產生明性，但是休息也很重要，所以如果錯失其中一個修持時段也無妨，只要做三段修持即可，或即使錯過三段修持，也可只做一段修持。盡力去修持，達不到的部分也不必擔心，這是修持的一個重要祕密，「擔心」對於修持並無幫助。但是，你也不應失去想要修持更好的動力，只要盡力就好。

如果完成了第一部分的修持，然後就睡著了，直到黎明之前都未醒來，這時應該怎麼辦呢？那麼就修持第二部分，而非第三或第四部分。永遠不要跳過四個主要修持的任何一個，這個修持的成果有一貫性，因為所有的元素都是相關的，從不同的脈輪、顏色、禪修、時間、元素、能量和姿勢都要通力合作，修行者才能生起特殊的體驗，並增長相當的能力。修持的每個步驟都在喚醒心識特定的能量特質，這樣的能量特質會與覺知融合為一體，然後每個特質都會幫助下一步驟的成長。因為這樣的進展，所以四座修持必須依序進行是很重要的。

第一部分的修持會有許多「寂靜」方面的夢。如果你只做部分的修持，「寂靜」方面的修持會比「忿怒」方面的修持容易進行，因為安住於寂靜狀況會比安住於忿怒狀況還要容易。我們會從比較容易掌握的練習開始，隨著能力的增長，才會進行比較困難的修持，這是修持的通則。在這個修持裡，我們會從培養穩定的覺知開始，然後再進行更具挑戰性的體驗，例如增強明性、開展力量，然後是與忿怒有關的觀想。

第一部分的修持比較不是要培養某種能力，而是重新發現平靜的覺知。這時比較不是去

「做」，而是讓它「呈現」，就有如你在外面跑了一整天，回到家裡，在一個寂靜的夢中放鬆，你得要花一點時間才能休息和恢復元氣。這裡專注的脈輪是喉輪，此脈輪的能量跟潛能、擴展和緊縮有關。

你在兩小時後醒來，應該已有足夠深度的睡眠，讓你獲得休息和放鬆，這會改變心的態度和特質。在第一座的修持中，所要培養的是穩定度和專注力，兩者就如身體的基礎。在第二座修持，你要美化身體，以增長明性作為穩定覺知的裝飾物。因此，專注力要放在額輪，此脈輪跟開放和增強明性有關。

如果第一座修持已經增長了穩定性，第二座修持增長了明性，那麼，第三座修持就能培養出力量。第三座修持專注的焦點是身體最中心的脈輪——心輪，此脈輪跟力量的來源有關。這並非指如果你在此時做夢的話，你在夢中就會有力量，力量是由前兩座的修持而來。此處要培養的不是一種剛強的、侵略性的力量，而是降服念頭和觀念的力量，以及面對顯相時解脫習性反應的一種力量。就如同國王坐在他權力的寶座上，你就坐在自己力量的基座——清淨的覺性——之上。

夜晚的第四部分，以穩定、明性和力量為基礎，然後培養出無懼。我們內在都有恐怖夢（frightening dream）的成因，完成前三個部分的修持之後，我們藉由專注在密輪的黑色明點，召喚出這個成因，密輪跟忿怒的習氣最為相關。在此，恐怖夢的出現是來自於修持的成果，而且修行者被鼓勵繼續生起這類的夢，然後利用修持轉化恐懼的習氣為道用。我們以此方法測試自己在修持上的進步，並且更進一步地增強已經培養出的穩定性、明性和力量。可怕的影像不再引生恐懼的情緒，反而會受到歡迎，因為它們是增益修持的機會。

你也可以選擇另一種作法：在達成一定的成果前，只專注一個修持重點。你仍然必須按照順序來修持，如果你選擇這種修持方法，那麼在每次醒來時只要修持第一座，以多天、多次的方式重複這個練習，直到生起寂靜夢（peaceful dream）和穩定的覺知。在第一個部分有些成果之後，你可以只專注在第二個部分的修持——增強明性，持續地修持下去，直到生起這一座的夢的特質——夜晚時的明性增強了。接著，進行第三部分的修持，直到有成果產生，最後再進行第四部分的修持。但是，如果你未做第一部分的修持，就別修持第二個部分，或如果你未做第三部分的修持，就別修持第四個部分。我再重複一次：順序是很重要的。

有人覺得這些看似複雜的修持會讓他們不知所措，事實上，這種感覺只會在初期發生。當你掌握了夢瑜伽，修持會變得愈來愈簡單。當覺知穩定時，就無須任何特定形式的修持，只要安住在覺知中就已足夠，夢自然會是清明的。這修持之所以看似很複雜，那是為了讓不同元素融洽地合作，以給予修行者最好的幫助，尤其是修持的初期，我們需要最多的協助。花一點時間好好地去了解這個修持和準備過程中的每個元素，然後將它們結合在一起運用。一旦你在夢中可以持續地保持清明，那麼就可以嘗試去簡化修持了。

第六章　清明

知道自己在作夢

如果有人告訴我們，他曾經閉關多年，我們勢必會對他刮目相看。如果要證悟的話，這種努力是必須的。但是，對於過著忙碌生活的我們而言，如閉關這樣的事情幾乎是遙不可及的，想要進行傳統的三年閉關，但是又覺得自己的情況根本不允許。事實上，要做這麼多的修持，是有可能的，在未來的十年，我們有超過三年的時間都在睡覺。在一般的夢中，我們可能有許多美好的體驗，但是我們也需要修持憤怒、嫉妒或恐懼。這些情緒的體驗或許都是我們需要的，但是無須繼續增強貪著的習性，也無須因為情緒和妄想而不知所措。為何不將它們轉為修持之道呢？三年的睡覺時間可以運用在修持上。一旦心的清明穩定了，任何修持都可以在夢中進行，有時夢中修持比起白天的修持更為有效，且更有成果。

夢瑜伽所要培養的能力是我們在明性夢中都擁有的能力，在此，「明性夢」是指做夢者在夢中知道自己在做夢。大部分的人可能至少都有一次明性夢的經驗，也許是做了惡夢，然後認出自己在夢中，於是醒過來逃離惡夢，或者是某種特殊的經驗。有些人並未刻意地想要有明性夢，卻經常有這樣的體驗。當修行者的生活能結合前行與主要修持時，明性夢發生的次數會愈來愈頻繁。明性夢本身並非修持的目標，卻是夢瑜伽修持道上一項重要的開展。

明性夢有許多不同的層次。就粗淺的層次而言，修行者會知道自己在做夢，但並非是高度的明性，自己也無力去影響夢。修行者處於清明之中，然後又失去，夢的情節戰勝做夢者的動機。明性夢最究竟的層次是夢境栩栩如生，幾乎比平常清醒的體驗「更真實」。做夢者在夢中已經得到比較大的自由，也克服了心的界限，修行者最終能完全隨心所欲地做到他想要做的任何事情。

夢和清醒時的生活顯然不是發生在同一個現實空間。你在夢中有一輛車，並不代表早上就不必搭公車去上班。這種感覺讓我們無法從夢中獲得滿足，我們覺得夢不是「真實」的。然而，無論是我們還未達到內心的理想，或是正努力要克服困難，夢的影響都能延展至清醒時的生活，更重要的是，我們能在夢中挑戰和克服心的極限。當心受到挑戰且被調伏時，我們便能增長心的靈活力，這就是最重要的。

為何心的靈活力很重要呢？因為僵化的心和邪見造成的侷限會障蔽智慧，抑制我們的體驗，讓我們認同於幻相，陷入其中而無法獲得解脫。在本書中，我從頭至尾都在強調無明、貪執和瞋恚制約了我們，使我們陷入負面的習氣。想要踏上心靈之道就必須減少貪執和瞋恚，直到我們能洞察無明的根源，並發現它背後的智慧。心的靈活是一種能力，當我們培養出這樣的能力之後，就能克服貪執和瞋恚，也能從新的角度看待事物，做出正面的回應，而非盲目地受到習氣反應的驅使。

雖然面臨的情況相同，但是不同的人會有不同的反應。有些人的貪執比較熾盛，有些人則比較少。貪執愈重就是表示「業」對反應的制約力愈大，我們受到體驗的控制愈強；如果心很靈活的話，我們就不會受到「業」的驅使。鏡子不會選擇它要反射的對象，鏡子在它的清淨本質中，欣然接受萬物的來來去去。從這點來看，鏡子是很靈活的，它之所以能如此，那是因為它既不貪執也不排拒，鏡子不會緊抓某個反射的影像，然後排拒另一個影像。我們缺乏這樣的靈活力，因為我們不理解在覺知中顯現的一切，都只是我們自心的反射。

在明性夢中，我們練習去轉化碰到的一切對境。在夢中，不會去限制什麼體驗是不能被擊破的，我們可以隨心所欲。當我們擊破體驗的習慣性限制之後，心就變得更有彈性、更加靈活。我們會先培養清明，然後才是培養靈活性，最後我們將心的靈活力運用在全部的生活。當能轉化並放下碰到的一切對境時，這表示我們比較不會受到習慣性身分的束縛；當能體驗到一切對境的相對性和可塑性時，這表示我們比較不會受到習慣性感知的束縛。

就如在夢中可以轉化夢中的影像，同樣地，在清醒時的生活中，也能轉化情緒的狀態和概念化的限制。透過夢的體驗和體驗本身的可塑性，我們能轉化沮喪為快樂，轉化恐懼為勇氣，轉化瞋恨為愛，轉化絕望為信心，轉化散亂為覺知。我們能將不善轉為善，將黑暗轉為光明，將限制和固著轉化為開放和寬廣，我們可以挑戰那些侷限自己的界限。這些修持的目的，是要將心的清明和靈活力結合在生活的每一剎那，並且放下有次序的現實、想要創造意義、困在迷惑中等所帶來的沉重制約。

培養心的靈活力

一旦已培養了清明，教法建議在夢中做一些修持。第一步是培養在夢中的靈活力，即要認知自己具有做這些修持的潛能，就如在清醒時一般。當我們思惟教法中建議的這些可能性時，心要將這些可能性放入自身的潛能之中，如此一來，我們就能體驗到過去連概念都無法想像的事情。

我有一台筆記型電腦，電腦裡有很多好玩的東西可以探索。如果我用滑鼠點擊螢幕上的圖標，就會打開檔案，如果再點擊另一個圖標，螢幕上就會顯現其他的東西。心就像這樣，當注意力放在某樣東西上時，就如點擊一個圖標，突然之間，就會出現一連串的念頭和影像。心不斷地點擊，從一樣事物轉移到另一樣事物。有時我們會開啟兩個視窗，就如我們與別人交談的同時，心裡正想著別的事情。我們平常不會認為這是多重自我或多重認同感的關係，但是在夢中我們卻可以展現多重的自我。與其只是分散注意力，我們在夢中可以將自己分割為不同的、同時存在的夢中身體。

有一天我使用電腦，到了晚上我夢見自己盯著電腦螢幕，螢幕上有圖標，我只要用

「心」點擊，整個環境都會產生變化。有一個圖標代表森林，只要點擊它，我就能處在森林裡；點擊另一個代表海洋的圖標，突然間我就能置身在海洋的環境中。在我的心中早已具備這種能力，但是這能力能顯露為體驗，那是因為我與電腦的互動。我們的念頭和體驗影響了後面的念頭和體驗，夢修持就是要這樣的練習。教法為我們帶來新的想法、新的可能性和實現這些可能性的工具，接下來就要端視我們如何將教法實現在夢裡和清醒時的生活中。

例如，教法提到在夢中增加事物。我們可能夢見三朵花，因為我們知道自己在夢中，再加上夢的靈活性，如果我們想要變出一百朵花、一千朵花或花雨，這些都是可以如願的。但是，我們首先要先認知這樣的可能性，如果不知道可以選擇增加事物，那麼對我們而言，這個選項是不存在的。

西方對於夢的研究發現，人們可以在夢和白日夢裡增進他們的技藝。幾世紀以前，教法有納入這個部分。透過運用夢，我們可以減少負面和增進正面的情況，並且改變在世間習慣的方式，這不只用來增進我們白天的技藝，也能應用於最甚深的心靈生活層次。修持永遠要設定在至高的、廣納的目標上，因為這樣的目標自動會包含次要的部分。這些目標放在世俗的問題上固然很好，然而，一旦證悟之後，這些完全都不是問題。

《母續》列出我們的心最常被顯相綑縛的十一種體驗類別，這些體驗都可以被認識、挑戰和轉化。原則都相同，但是花一點時間思考每一種體驗，為你自己的心引介轉化的可能性，這樣做會很有幫助。這些類別是：尺寸、數量、特質、速度、實現、轉換、化現、旅行、觀看、會面和體驗。

尺寸

我們在夢中很少會對尺寸加以思考，但是我們在清醒的生活中卻會這麼做。尺寸有兩種——比較小和比較大。在夢中改變你的尺寸，把自己變得如昆蟲般微小，然後如山一般龐大。找一個大問題，然後把它變成小問題。想像一朵小而美的花，然後把它變得如太陽般巨大。

數量

如果你的夢中出現一位佛，就把佛的數量變成一百或一千。如果有一千個問題，那麼就把它變成一個問題。在夢瑜伽中，你可以燒毀剛生起的業種子。運用覺知，掌握你的夢而別被夢驅使。做夢，而別讓自己被夢所夢了。

特質

人們陷在不善的體驗時，通常是因為他們不知道這是可以改變的。你必須思考改變的可能性，然後在夢中修持。你在夢中生氣時，將憤怒的情緒轉為愛，你可以改變恐懼、嫉妒、憤怒、貪婪、始終懷抱希望和愚笨。這些情緒都是無益的，要告訴自己，這些都能以轉換來克服，甚至可以大聲地說出來，以此方式加強自己的認知。一旦你在夢中有改變情緒的經驗時，便可運用於清醒時的生活。這就是培養解脫和靈活力，你無須受到過去的制約。

速度

在夢裡只要幾秒鐘就可以完成許多事情，因為這一切都是在心中。將體驗的速度變慢下來，直到每個瞬間都是整個世界，用一分鐘遍覽一百個地方。夢中唯一的限制就是你想像力的限制。

實現

你在生活中無法完成的任何事情，都可以在夢中完成。例如修持、寫書、游泳橫渡海洋，完成需要被完成的事情。

我的母親往生的一年後，她出現在我的夢中，尋求我的協助。我問她，我能夠幫什麼忙呢？她給我一張佛塔的藍圖，並且要我為她建造。我知道自己是在做夢，因此接下這個任務，有如這是真實的一般。當時我人在義大利，那裡有許多建築法規和都市規章，我不知道如何拿到許可證、錢，還有可供建造的土地。然後，我想到可以問問護法，這也是《母續》中的建議：當你碰到無法完成的任務時，就向護法求助。

為了回應我的請求，護法神出現了。一棵巨大的菩提樹豎立在夢中，突然間，護法將它變成佛塔。在我成長的文化中，我們相信為往生者建造佛塔可以幫助他前往來世。在夢中，母親很開心和滿足，我也是一樣，覺得自己給予了母親認為很重要的一樣東西，這是當她在印度的家裡往生時，還無法成辦的。現在它實現了，母親和我都很高興，這種感覺延續到我清醒時的生活。

夢中的成就會影響清醒時的生活。當我們面對體驗時，其實就是在面對習氣。透過夢來實現對你重要的事物。

轉換

「轉換」對於密續修行者而言是很重要的，因為這是密續修持的基礎原則，它對我們所有人而言，也很重要。學習去轉換自己，可以做各種的嘗試。可嘗試把自己變成鳥、狗、大鵬金翅鳥、獅子和龍；或把自己從憤怒的人轉換為慈悲的人；從貪執、嫉妒的人轉換為開放、清明的佛陀；或把自己轉換為本尊和空行母。這個方法對於培養心的靈活力、克服習慣性身分的限制，是非常有力的。

化現

這與轉換很類似。將自己轉換為本尊或佛之後，就化現更多的身體去利益其他的眾生。從兩個身體到三個、四個，你能化現得愈多愈好，然後再更多。突破你自身是單一和分離之「我」的體驗限制。

旅行

從你想要去的地方開始。你想去西藏嗎？那就去吧！想去巴黎？去吧！有哪些地方是你一直想去的？

這與單純地到達一個地方是不同的，這是一趟旅行，是有意識地引導自己到達目的地。你可以到另一個國家或無染的淨土，或者去另一個星球，以及你多年未造訪的地方或海底。

觀看

試著去看你從未見過的東西。你見過蓮花生大士嗎？塔比日扎？耶穌？現在你可以去拜見他們。你見過香巴拉王國或太陽的中心點嗎？你見過細胞分裂、自己的心臟跳動、聖母峰，或從蜜蜂的眼睛看出去嗎？你可以增加各種想法，然後在夢中實現。

會面

在西藏的傳統中，有許多修行者在夢中見到上師、護法和空行母等的故事。也許你覺得自己與過去的上師們有緣，現在你可以跟他們會面。當你遇見他們時，立刻求問是否能再次見到他們，這樣會創造再度相逢的機會。接著，就請求教法。

體驗

透過運用夢去體驗你未曾經歷的事物。如果你還不確定本覺的覺受，那麼就在夢中擁有這個體驗。你可以去經歷任何不可思議的狀態或修持道上的體驗，無論是繁複的或簡單的都無妨。你可以像魚一般在水中呼吸、穿牆或變成雲，也可以像一道光束般地遨遊宇宙，或像雨一般地從天空落下，不論你想到什麼都可以去做。

這些只是建議，你要超越以上這些類別的限制。我們自身的體驗都是以各種模式進行，例如速度、尺寸、化現等，因為我們陷在相信這些世俗概念的現實中。消融心中的界限，這將引導我們前往解脫，也就是心的根基。如果你夢到險惡的火，就把自己轉換為火焰；如果是水災，就把自己轉換為水；如果有魔鬼追趕你，就把自己變成更大的魔鬼。變成山、豹和紅杉木，變成一顆星星或整個森林。將自己從男性轉為女性，然後化現成一百個女人；或者將自己從女性轉為天女。轉換成動物，例如翱翔在天空的鷹，或結網的蜘蛛。轉換為菩薩，並且在上百個地方同時示現，或到三十三層地獄去利益那裡的眾生。轉換為薩姆卡（Siamuhka）、蓮花生大士，或其他的本尊、空行母。這個修持和密續修持相同，你都要轉換自己，其中的目標和理由都是相同的，但是在夢中會更容易實現，因為你是真正地轉換。在夢中有無數次的轉換體驗。

到任何你想去的地方旅行，例如須彌山、地球的中心、其他星球和六道的其他道。我每晚幾乎都會回到印度，這是很省錢的旅行方式。你可以到天道，也可以到地獄道或鬼道，這只是個概念，你並不會真的去到那裡，但這會鬆開綑縛你心的束縛。

你可以參加天人和天女的修持和修法，和五方佛一起修法；也可以鑽天入地，穿過你自己的身體內部。把你自己變得如地球般巨大，甚至更大，或如原子般微小，如竹子般細瘦，如漂浮的花粉般輕盈。

夢有無限的可能性

培養心的靈活力，其原則比夢中的詳細情況更為重要，就如水晶球的明亮特質比它反射出的色光更為重要。教法的建議不是要為你帶來更多侷限，而是要你思惟新的可能性，然後將它們實現出來，直到你能立刻看出那些看似會限制自己體驗的事物其實是不真實的，且無法束縛你為止。清明為「概念心」帶來更多的光明，修練心的靈活力能鬆開束縛的制約繩結。當被那些表面堅固的實體制約時，我們應該在體驗之中轉化它們，使實體變得光明通透；當被表相堅實的念頭制約時，我們應該將這些念頭消融於心的無限自在之中。

即使我們已經在夢中獲得自在了，在心靈之旅中仍然有一個基本原則是我們應該要繼續練習的。夢的可能性是無限的，我們可以任意地改變夢境，但是要朝好的方向改變，這仍然是很重要的，因為這樣的方向最能幫助我們的心靈之道。夢中的行為會影響我們的內在，就如清醒生活中的行為一般。夢中有許多的自由，但是直到我們脫離二元性之前，是無法脫離業因的，我們需要耐心和強烈的意願來培養必要的靈活力，才能克服惡業的支配。

去修持體驗的界限、制約的侷限和信念的束縛，心是不可思議的，它能夠做到，你的認同感比你想像的更靈活。你只要單純地去覺察到改變體驗和認同感是可能的，這就會是真正可能發生的事了。如果你認為你不能做某件事，通常你就辦不到，這是一個很簡單也很重要的要點。當你說出自己能做某件事情的那個剎那，你就已經開始做了。

尊重你的夢，並且將夢中所有的體驗帶入修持之道，就如你在清醒時的生活一般。運用夢讓自己從侷限之中解脫出來，克服修道上的障礙，最後認識自己和萬法的真實本性。想要達到這些目標，就必須明智地運用自己的夢。

第七章　障礙

《母續》講述到夢瑜伽會面臨的四種障礙：在妄想中散亂、懈怠和睡不安穩、忘失。這裡同時提出內在與外在的對治法。

妄想

當外在或內在的聲音、影像把注意力帶走時，心就會因為妄想而散亂。這種情況有可能發生在修行者睡著時，外界有聲音出現，心的注意力就移到聲音上，透過聯想，心中生起了相應的記憶或想像，於是產生情緒反應而捲入其中；或者，修行者因聲音生起好奇心，而迷失在猜想中。這就是妄想，因為我們將這些不真實存在的事物當作是實存的，然後陷入事物的追逐中。

內在的對治法就是專注在中脈。這是什麼感覺呢？嘗試看看，你會發現自己能夠集中和處於當下，你會離開幻想，回到自己。睡著時，將覺知放在中脈上是很有幫助的。這是很簡單的，有時我們會對於修持太過緊張，而將修持沒必要地複雜化，只要去感覺中脈，這就能避免心向外奔馳。觀修無常和二元體驗的如幻本質也會很有幫助，這些思惟能增強心保持專注的動機，避免迷失在幻想中。外在的對治法就是獻供，或做如上師相應法等有關虔敬的修持。

懈怠

第二個障礙是「懈怠」，它展現為內心的怠惰——缺乏內心的力量和明性。當你疏於修持時，即使是專注在對境上，你的心還是在四處游移，模模糊糊但可能感覺很舒服。這個障礙與第一種障礙不同，第一種障礙是注意力追逐散亂之境，第二種障礙是內心不夠敏銳。

對治這個障礙的方法是，觀想藍煙從三脈會合處（位於身體的中央，肚臍下幾英寸處）的中脈緩緩上升至喉嚨。別滯留在物理學上的思惟，例如煙去向於何處、煙是否聚集等這類問題，只要觀想煙在中脈內緩緩上升，就好像這已經是個夢了。除此之外，你也可以請求上師或治療師為你驅魔。《母續》開示，懈怠有可能是因為你在環境中碰到有關神祇或某種力量的問題，當然，這確信不是看待問題的唯一角度。

自身的散亂

第三個障礙是「自身的散亂」（self-distraction）。你一再地醒來，無法安穩入睡。原因可能是氣出現問題，或是你的心情正處於興奮或焦躁之中。對治的方法是專注在喉輪上，你觀想喉輪有四瓣蓮花，上面有空行母化現而成的四個種子字：面朝身體前方的是黃色種子字「ར」（RA，惹）；左側是綠色的「ལ」（LA，拉）；後方是紅色的「ཤ」（SHA，暇）；右側是藍色的「ས」（SA，撒）。如果你有無法安住的散亂問題，在睡著時，逐一地專注在種子字上，試著去感覺四面八方有護法空行母。

外在的對治法是修持施身法，這個儀軌內容是在供養神祇，這會幫助你的修持。另外，想想你與教法或上師之間的三昧耶*（samaya）是否有毀損，你與朋友或熟人之間的關係惡劣也會導致心中的不安，自己做懺悔會帶來幫助。

懺悔時，就如同上師相應法中的方式觀想你的上師，然後懺悔錯誤的行為。檢視自己的行為，不是帶著罪惡、羞愧或其他不好的感覺，而是帶著覺知。如果你做錯了事，那麼就決定不再犯錯。或許你也應該採取一些行動，諸如與導致自己煩亂的朋友談一談，你可以選擇這樣的行動。

忘失

第四個障礙是「忘失」——忘記自己的夢，以及忘記做修持。即使你已經產生有益的體驗，有可能還是會忘記，進行個人閉關能為自心帶入更多的明性。透過呼吸平衡你的氣，這樣也能讓覺知澄靜和穩定下來。《母續》中指示在晚上的第一座修持是對治法，也就是前述的第一個主要修持，將心專注在喉嚨的紅色「ཨ」（啊）字上。睡著時，保持對於「ཨ」的覺知，這會幫助你記得修持。

夏爾扎仁波切提出的四種障礙

夏爾扎仁波切的法本也提到四種可能的障礙，但是分類有所不同，它們是氣、心、當地神靈和疾病的問題。這些障礙使你無法做夢、不記得夢，以及在夢中製造問題。

如果你有苦於氣的問題，那就是體內的能量阻塞，或者氣在體內無法暢通。心和氣是相連的，如果氣是擾動的，那麼心也無法得到安寧。如果有這樣的情形，在上床前，去做任何能幫助自己放鬆的事情，例如按摩或泡熱水澡，這些都是輔助的方法。此外，在白天儘量地保持平靜和放鬆。

心會因為過於忙碌而導致無法入睡。例如，忙完一天的事情之後，有時會很難停下來不去想白天的事情，你的心還在思考那些問題或興奮的事，仍處於緊張和焦慮之中。如果你的心很難靜下來，那麼去做一些勞動工作有時會有幫助，讓身體疲倦，甚至筋疲力盡；觀修空性也能清理自心。如上所述，在睡前採取任何能讓自己放鬆的方法是很有幫助的。

受到當地神靈的擾亂也會導致睡眠中斷和睡得不安穩。我知道很多西方人都不相信這一類的事情，其實當地神靈指的就是地方的能量或環境的感覺，但在某種層次上，西方人的看法是對的。不過，西藏人相信真的有住在當地的神靈，如果有人過於擾亂這些眾生，他們就會反之去影響這個人。激怒當地神靈會引來可怕的夢、記不得夢或睡不安穩。

像這樣的情況，我們首先需要了解問題的本質。西藏人對於這類的困擾有許多解決方法。他們通常會去找僧人卜卦，找到問題的根源，然後再採取適當的辦法。他們或許會修持施身法，供養神靈；或許也會請示上師的協助，上師通常會為他們驅魔，透過儀軌來斬斷他們與神靈之間的連結。如果上師是採取這個方法，他通常會向求援者索取一樣個人物品，例如幾根頭髮、一件衣服，然後以儀軌中的火燒盡。西藏人有很多這類的方法，但是只有當你理解問題的根源，並且相信自己是受到神靈的激惱，因此採取必要的方法來修復這些情況，這些方法才會奏效。如果你有神靈這方面的經驗，那麼就對神靈生起慈悲心。如果你不相信這類事情，卻對地方的能量很敏感，那麼就以燃香和生起慈悲心的方式來調整地方能量。如果你連這個方法也不相信，那麼就以生起慈悲心的方式，改變自心和情緒的內在環境。

第四個障礙是「疾病」，教法中建議你當然應該去看醫生。

你遇到的障礙從前的人也都經歷過，所以不要氣餒。仰賴教法和你的上師去找到對治法，這些方法都在教法中，你只需要學習和運用。

第八章　控制夢與尊重夢

西方心理學派對夢的看法

有一些西方心理學派認為，控制夢會造成傷害，因為夢是一種無意識的調整功能，也可說是我們各個部位的溝通型態，這是不應該被阻擾的。這個觀點指出無意識是存在的，它是體驗和意義的儲藏室。無論夢是明晰的、明顯的或是隱含而需要解析的，夢的形成和夢中的含意都被認為是無意識的作用，這些學派認為，「我」通常是由個人無意識和有意識的層面所組成，因此，他們認為夢是有意識和無意識兩者間溝通的必要媒介。夢的修持能利益有意識的「我」，並發掘無意識所置入的意義和觀察；透過做夢活動的精神發洩或達到生理平衡的過程，也能利益有意識的「我」。

理解空性能徹底地改變我們對於做夢過程的認識。無意識、含意和有意識的「我」，這三者只能透過本來不存在的假立現實而存在，理解這句話很重要。西方心理學家擔憂，有意識的心如果侵入無意識，那麼就會破壞自然的過程。如果要成立這個說法，就必須加入另外一個因素——「我」，讓「我」與有意識的心並肩合作。然而，這個觀點只是理解個人內在運作的其中一個層面，卻忽略了更為寬廣的認同感。

一如前述，看待夢有兩種層次。一是找出夢的含意，這是很好的，這也是大部分西方心理學家認為夢的價值。東、西方都認為，夢是創造力的來源，它能解決問題、診斷疾病等。但是夢的含意並非隨著夢而來，而是個人在檢視夢時，從夢「讀」出來的，那含意其實是由個人投射在夢境上的。這個過程很像一些心理學家利用點墨圖案作測試，他們要人們讀出圖中似有顯現的影像。這些含意並非獨立存在的，在有人開始尋求它之前，它並不存在。我們會犯下的錯誤是不去看情況的真相，就開始認為真正有一個無意識、有某樣東西，並且把夢當作是真實的，就如用密碼寫下的一卷祕密訊息，一旦密碼被破解，人人都可以讀懂。

我們需要更深入地理解什麼是「夢」、什麼是「體驗」，然後真正地利用做夢成為證悟的方法。當我們深入修持時，會產生許多美好的夢，充滿進步的徵相。但究竟而言，夢裡的含意並不重要，最好別把夢當作其他主體或甚至是你不認識的另一部分的「我」所傳遞出的訊息。在輪迴的二元性之外，世俗的意義並不存在。這個觀點不是要帶來混亂，因為混亂或無意義本來就不存在，這些只是更多的概念而已。這聽起來很奇怪，但是在心獲得完全解脫之前，「含意」的概念必須放棄，這麼做也是夢修持的主要目的。

我們並未忽略利用夢中的含意。但是，如果能知道做夢的含意也是很好的。為什麼要期待從夢中獲得重大訊息呢？我們應該看透含意之下的事物——體驗的清淨基礎。這是更高層次的夢修持，不是心理學的層次，比較是心靈的層次，攸關於認識並了悟體驗的基礎，這是無制約的。當你進展到這個程度，夢裡是否帶有訊息就不會影響你。於是你就是完整的，你的體驗是完整的，從你自心投射的二元交互作用而產生的制約，也不會束縛你了。

在明性夢中才能控制夢

為了要影響夢，大部分的夢修持都是在修行者清醒時完成，這不是直接控制夢。如果要直接控制夢，也就是多數人關心的部分，會發生在明性夢的階段。在夢中讓自己的數量增加就是一個例子，轉換或在夢中創造事物也是如此。教法提到，這樣做是非常好的，當你能夠做這些事情，這代表你已經培養出心的靈活力。此外，這樣的靈活力和控制力也要帶入清醒時的生活之中，這不是為了要飛翔，而是用來理解體驗的結構本質，以及在這理解之中本具的解脫。與其被感覺控制，為何不改變自己以及你描述自己故事的方式呢？去做真正重要的事情，別陷入惡夢或無止盡變換的夢，或甚至是愉悅的幻想中。

這與清醒時的生活並無不同，習氣引發夢，我們對於體驗的反應製造更深的習氣。在夢中，這些功能仍然有作用。我們確實想要控制夢，而非被夢所控制，正如在白天中，比起不要被念頭或情緒控制，還是應該從我們的覺知回應情境，這樣會比較好。

我們想要影響自己的夢，想讓夢更清楚、更融入修持，就如我們想要生活中的每一刻都帶有這樣的品質。阻斷這件重要的事情是無危險性的，因為我們阻斷的是自己的無明。

第九章　簡易的修持

想要圓滿睡夢瑜伽的修持，取決於個人的信心、動機、承諾和耐心。沒有任何一個修持可以因為一個晚上的努力就達到了悟。心靈的成熟需要時間，然而我們每個當下都活在平凡的人生中，如果與時間打架一定會輸。但是，當我們知道如何活在當下的話，修持本身就會自然而然地展現。

整個夢瑜伽的修持看似相當複雜，而且要付出很多努力才能在我們的生活中實現。然而，我們能做的還是很多，我們可以一點一滴地修持，將它融入生活之中，直到全部的生活都逐漸成為修持。以下這些修持能幫助修行者成就夢瑜伽，這些方法適用於每個人。

清醒的心

白天的清醒時間大約是十六個小時，在所有的時間裡，心是忙碌的。通常我們都會覺得時間不夠，而且有許多時間是處於散亂和不愉快的體驗之中。現代世界似乎不斷地向我們索求，我們要照顧工作和家庭，還要看電影、瀏覽商店的櫥窗、塞車、與朋友聊天，無數的事情吸引我們的注意力而把心帶跑，直到一天過去，我們已經筋疲力盡，渴望用更多的散亂來幫助自己脫逃。我們分分秒秒都沒有活在當下，這種生活方式對任何修持都沒有幫助，包括夢瑜伽在內。因此，以簡單和規律的習慣與自己再度連結，讓自己更處在當下，這是我們必須培養的。

每個呼吸都可以成為一個修持。吸氣時，想像你吸進純淨的、清淨的和放鬆的能量；在每個呼氣時，想像呼出所有的障礙、壓力和負面的情緒。這個方法無須坐在特別的地方才能修持。當你前往工作途中的車內、等候紅燈、坐在電腦前、準備餐點、清掃房子或行走時，都能修持。

一整天持續地將覺知放在身體上，這是一個有效且簡單的修持，去感覺整個身體。心比瘋猴子還要糟糕，從一處跳到另一處，很難專注在一件事情上。比起心來說，身體是更為穩定、持續之體驗的來源，利用身體成為覺知的錨，這會幫助心更為平靜和專注。在建構和滋養生命的身體層面時，心的合作是很重要的；同樣地，心也需要身體的幫助而穩定在平靜的覺知中，這是一切修持最重要的基礎。

例如，我們在公園散步時，身體雖然在公園裡，但是心可能在辦公室工作、在家裡、與遠方的朋友說話或正在列出雜貨採購清單，這意味著身和心是分離的。相反地，當看一朵花時，我們應該要真正地看著它，完全地處於當下。藉由花的協助，將心帶回公園，去珍惜感官體驗與身心的再度連結。身體去感覺花朵時，這就是療癒。看一棵樹、聞到煙味、感覺自己襯衫的布料、聽到鳥鳴或吃蘋果，這些也是相同的。訓練自己鮮明地去體驗感官對境，而不帶任何的判別，試著與觀看色相的眼睛、嗅聞的鼻子、聽聲音的耳朵等全然地在一起。你只要安住在接收感官對境的赤裸覺知中，在此同時，試著讓自己全然地處在體驗之中。

當培養出這樣的能力之後，我們仍然會產生反應。觀看一朵花時，還是會評論花朵的美醜，或者判定它氣味難聞。即使如此，透過修行能安住在與清淨之感官體驗的連結，而不會持續地迷失在心的散亂之中。心由於一大堆的概念而散亂是一種習性，我們可以將之替換成新的習性：運用身體的感官體驗，將我們帶到當下，讓我們與這個世界的美好連結，將我們帶至潛藏在散亂底下的鮮明豐富的生活體驗。這就是要成功修持夢瑜伽的基礎。

感知的第一個剎那必然是清晰而明亮的，然而，心的散亂導致我們無法認出來，也無法以欣賞的角度去體驗生活的每一刻。運用色相的穩定性和感官世界的鮮明體驗，去支撐心清晰、明亮的特質，這個練習是幫助夢瑜伽修持成功的最好方法。

入睡前的準備

過完充滿壓力的一天，我們通常覺得自己已經半死不活了，接著上床睡覺，幾乎是一種完全死亡的狀態。我們的身心並未處在當下，就連幾分鐘都沒有，卻讓自己整晚都在散亂中，我們在睡前繼續散亂，然後在散亂中漸漸入睡。我們能做的最重要的事就是跟身、心和感覺連結，這樣能確保自己在心靈之道上的進步。每晚在睡前，都應該花一點時間做這樣的修持。如果在身和心分離的狀況下睡著，身和心就會各走各的路。身體會緊抓白天累積而來的壓力和緊張；心也是如此，會繼續它白天的狀態，東奔西跑、東想西想，缺乏穩定和平靜，會處於一種焦慮或昏沉的狀態，極少處於當下。像這種缺少力量和覺知的狀況，夢瑜伽的修持就會變得很困難。

想要改變這種情況，想要有比較健康的睡眠，並希望夢修持有更好的成果，那麼，就要在睡前花幾分鐘的時間再次回到覺知和平靜。簡單有效的方法就是：泡澡；點一根蠟燭和香；坐在禪堂或床上；與證悟聖眾或你的上師產生連結；也可以生起慈悲的感覺；專注身體的感覺；培養喜悅、快樂和感恩的體驗；生起正面的想法和感覺，然後再睡著。這些祈願和愛會放鬆身體，安撫自心，並為身心帶來喜悅和平靜。正如前面的建議，你可以想像周圍環繞著證悟的護法眾，特別是空行母。想像她們就如母親對待孩子般，以慈悲呵護著你。然後，在充滿安全感和平靜之下祈願：「願我擁有一個清晰的夢；願我擁有一個明性夢；願我透過夢了解自己。」一再重複地大聲念誦或心裡默念這幾句話。這麼做很容易，這會改變睡眠的品質和夢，你在早晨醒來也會覺得比較得到休息和安穩。

如果你覺得四階段的修持（即專注在喉輪、額輪、心輪和密輪的方法）過於複雜，你只要專注在喉輪就好。在你做完祈願之後，想像喉輪有個明亮的紅色「ཨ」（啊）字，專注並感覺到它，然後睡著。先讓自己平靜下來，並且去感覺與身體之間的連結是很重要的。如果專注在「ཨ」字對你而言還是太困難或複雜，那麼只要感覺你的全身，以及與覺知、慈悲的連結，這就是淨化在白天變得充滿壓力和混亂身心的方法。這有如每天晚上我們刷牙後，就會覺得比較舒服，睡得也比較好。假使要入睡時，感覺自己骯髒不淨的話，睡眠和夢也會受到影響。從生存的生理層面而言，我們都明白這個道理，但卻經常忘記去感覺心中那個清新和連結的重要性，也許我們應該在牙刷上寫上這句話：「刷完牙，請記得刷『心』！」

你也可以在入睡時修持呼吸，試著同時從兩邊的鼻孔呼吸。如果右鼻孔阻塞，那麼就左側睡，反之亦然。緩和地呼吸，讓呼吸平穩、安定。就如之前的建議，要呼出壓力和負面的情緒，吸入清淨的療癒能量。以禪修坐姿或躺著做九次呼吸的練習，接著就專注在喉嚨的紅色「ཨ」字。去感覺它，而不是專注著它；與它合而為一，而不是與它分離。醒來時，如果你感覺比較舒服，也獲得較多的休息，那麼就為自己的成果感到快樂。去感受上師和證悟聖眾的加持，去感受你歡喜精進的愉悅，去感受遵循心靈之道的快樂。這個快樂會鼓舞你隔天晚上的修持，並且持續地支持和增益你的修持。

在入睡時，想要放鬆或感覺慈悲是很困難的，這並非不正常。如果有這種情形，那麼就要運用你富創造性的想像力。想像自己躺在一個美麗、溫暖的沙灘上，或行走在一個充滿潔淨、清新山林空氣的地方。想像這些事物能幫助你放鬆，不要只是躺下來睡覺，讓自己受到白天的情緒和壓力的影響而無法保持覺知。這些簡單的修持其實有很大的幫助。

第十章　融合

夢瑜伽的終極目標——無二元的明光

夢瑜伽不只是用來作為個人成長或增加興趣的一種修持，它是心靈之道的一部分，夢修持的結果會影響修行者各方面的生活，它會改變修行者的認同感，以及修行者和世界的關係。修行者如何融合夢修持和生活，前面的章節大部分都已經講述過了，接下來是總結。

夢修持一般有兩個階段，世俗的和非世俗的，或二元的和非二元的。我們之前主要著重在第一個階段——如何看待夢中的影像和情節；我們對體驗的反應和情緒；夢對我們的影響；我們在夢中修持的影響；培養更大的覺知和控制能力。

非世俗層次的修持著重的既不是夢的內容，也無關夢的體驗，而是無二元的明光。這是睡夢瑜伽的終極目標。

我們永遠都不應忽略透過二元性來修持夢瑜伽。終究而言，我們多數人在大部分的時間裡都住在二元分立的世界中，必須在平凡生活中進行心靈之道。修持夢瑜伽，讓我們將憤怒轉化為愛，將絕望轉化為希望，將受傷的部分轉化為痊癒和強壯，我們培養出善巧面對生活和幫助他人的能力。當我們開始真正理解生命是如夢的且具有靈活性時，就能增長這些善巧的能力，於是就能將平凡的生活改變為極為美麗和有意義的體驗，將一切事物都融入修持之道。

只有在「世俗我」融入本覺時，我們才能真正超越希望和意義的需求，超越善、惡的分別。非世俗的真諦是超越療癒和療癒的需求，在我們尚未真正活在無二元的見地，卻要認同這個觀點時，反而會導致我們處於一種混亂的精神狀態中，我們在這種狀態下鍛鍊負面的情況，卻誤以為自己在修持解脫。然而，當我們完全地安住在明光時，負面狀態就不再控制我們，因此，我們很容易檢視自己是否安住在明光中。

能融入夢修持的四個領域

能夠融入夢修持的四個領域，依序如下：境相、夢、中陰和明光。「境相」是指清醒時生活的所有體驗，包含感官與對境的接觸和所有內心的活動。當把一切的體驗和現象都視為夢時，境相就能與夢融合在一起。這不應該只是智識上的理解，而是一種鮮明、清明的體驗，否則，這只是一種想像力的遊戲，不會帶來真正的改變。當兩者能夠真正融合時，修行者對於世界的反應會極為不同，貪執和瞋恚便會大為減少，而且不再因為夢中故事而被強迫地牽扯出情感的糾葛。

當修持改變我們白天境相的體驗時，這樣的改變會融入夢中，夢境中會生起清明。清明有幾個連續的階段，從一開始「夢中知夢」的體驗，這時仍然受到夢中情結的牽引，然後直到強力的清明出現，此時修行者完全在夢中得到自在，夢變成一種幾乎令人震撼的鮮明、光亮的體驗。

在夢中培養的心的清明和靈活力，會融合死亡之後的中陰狀態。經歷死亡非常類似進入夢中，想要讓死後的中陰保持在覺知中，並對死後生起的境相保持覺知和不散亂，這取決於夢瑜伽培養出的能力。我們會說夢是對於中陰的測試，這是夢與中陰的融合，你要知道自己對於夢中現象的反應，就等同於對於中陰現象的反應。在這一點上要獲得成就，便取決於夢中是否培養了清明和無貪執。

中陰必須與明光融合，這是達到證悟的方法。在中陰的階段，最好是不以二元性面對生起的顯相，而是安住在無二的覺性和無散亂的全然覺知中。安住在明光之中，也就是空性與清淨覺知的合一，這個能力也是在死亡前夢修持的最後階段——當修行者完全與明光合而為一時，夢就停止了。

一旦了悟清醒時的體驗就如夢一般，貪執就止息了。此階段已經培養出更強的清明，於是這清明就會自然地進入夜晚的夢中。一旦心的清明增長，並在夢中獲得穩定時，這也會顯現在往後的中陰裡。當修行者在中陰能保持全然的無二元的覺性時，就已經證得了解脫。

請無間斷地修持夢瑜伽，你的修持成果將會呈現在生活的各個層面。夢瑜伽修持的成果就是解脫，如果修持並未改變你生活的體驗，如果沒有更放鬆而比較不緊張、不散亂，那麼，你應該去了解自己的障礙，並且加以克服，而且必須請教上師。如果修道上沒有任何進步的體驗，那麼，就要增強自己的動機。不過，當進步的徵相出現時，要抱持歡喜的心情，並增強自己的動機。只要根據自己對於法教的理解，並依此進行修持，就一定會有進步。

第四部

睡眠

夢瑜伽培養的是與夢中影像之間的清明關係，
但是在睡眠瑜伽中，並無影像，
它是覺知直接認出覺知。

第一章　睡眠與睡著

意識從感官退出，心迷失在散亂中，內心的影像和念頭愈來愈淡出，直到消融在黑暗之中，這就是平常睡眠的過程。我們處於無意識中，直到夢的生起。當夢生起時，「我」的感覺會經由與夢中影像的二元關係重新建構，直到下一個無意識的階段發生。無意識和夢的交替，組成一般的睡眠之夜。

我們的睡眠是黑暗的，因為我們在睡眠之中失去意識。這期間看似沒有任何的體驗，那是因為我們認同了在睡眠時停止運作的粗重的心。這段認同感瓦解的期間，我們稱之為「睡著」(fall asleep)。我們在夢中其實是有意識的，因為「活動心」仍在活動，並生起我們認同的「夢的自我」(dream ego)。然而在睡眠中，主觀的「我」並未生起。

雖然我們以「無意識」來定義睡眠，然而，黑暗和空白的體驗並非睡眠的本質，清淨的覺知才是我們的根基，它是不睡覺的。在不受到障礙、夢或念頭的干擾時，「活動心」就會消融在心性中，於是我們就不會處於無明的睡眠中，這時，明性、平靜和喜樂會生起。一旦我們培養出安住在那個覺知之中的能力時，睡眠就是光燦的。這光燦就是明光，也就是我們的真實本性。

如前面的章節中所解釋的，夢由習氣所生，我曾用光投射在影片上而形成電影的例子來解釋。習氣就是影片，覺知就是照亮影片的光，而夢投射在阿賴耶*（kunzhi）上。夢瑜伽培養的是與夢中影像之間的清明關係，但是在睡眠瑜伽中，並無影片和投影，它是無影像的，是覺知直接認出覺知，也就是光照亮它自己，它是光燦的，並無任何影像。當修行者在未來能於明光中保持穩定後，即使產生夢的影像也不會受到干擾，而且睡眠中的夢也會發生在明光之中。這些夢就稱為「明光夢」，這與明性夢不同，在明光夢之中，明光不會受到遮障。

一旦我們想要概念化或想像明光，我們就失去對它的真正感覺。明光之中沒有主體或客體，如果對於主體稍有認同，就不可能進入明光。事實上，並沒有什麼可以「進入」明光，明光是認識明光本身的根基，既沒有「你」，也沒有「它」。以二元的語言解釋無二元必然會引起矛盾，認識明光的唯一方法就是直接地認識它。

第二章　三種睡眠

無明睡眠

我們將「無明睡眠」（sleep of ignorance）稱為「沉睡」（deep sleep），它是一片廣大的黑暗，這種黑暗感覺好像已有數千年之久，甚至更久，它是無明的本質——輪迴的根源。無論我們睡了多少個夜晚，三十年或七十年的夜晚，我們都無法結束睡眠。我們不斷地回到睡眠，彷彿睡眠能替我們充電，而確實是如此。無明是輪迴的養分，當做為輪迴眾生的我們融入無明睡眠時，我們的輪迴生活就獲得滋養，當精神飽滿地醒來時，我們的輪迴又恢復了活力。這就是「大無明」（great ignorance），因為它是無法被計量的。

我們經歷的無明睡眠是一片空白，其中沒有「我」的感覺，也沒有意識。想像一下，你度過漫長且疲憊的一天，淫漉漉的天氣，再加上吃了一份過於豐盛的晚餐，過完這樣一天而產生的睡眠是不會有明性的，也沒有「我」的感覺，我們消失了。內心無明的表現方式之一就是內心睏倦，這種睏倦牽引我們消融在無意識之中。

俱生無明是睡眠的主要成因，睡眠產生的第二個必要因緣就是執著身體和身體的疲倦。

輪迴睡眠

第二種睡眠就是「輪迴睡眠」（samsaric sleep）——夢的睡眠。輪迴睡眠被稱為「大妄想」（great delusion），因為它似乎是無止盡的。

輪迴睡眠就有如前往某個大城市的鬧區散步，鬧區中有五花八門的活動：人與人之間的擁抱、吵架、聊天，或彼此不理不睬；有飢貧和富裕；有做生意的人和商店的小偷；有美麗的、破爛的和恐怖的地方。在任何城市裡，你都可以找到六道的示現。輪迴睡眠就是夢的城市——一個無限的境域，由過去「業」的習氣所產生的內心活動。在無明睡眠中，粗重的「活動心」止息了，然而輪迴睡眠並非如此，它需要粗重之心和負面情緒的加入。

身體是召喚我們至無明睡眠的成因，而情緒活動則是夢的主要成因，夢的次要成因是由貪執或瞋恚所引起的行為。

明光睡眠

第三種睡眠是透過睡眠瑜伽而證得的「明光睡眠」（clear light sleep），也稱為「明性睡眠」

（sleep of clarity）。這種情況是身體睡著了，但是修行者並未迷失在黑暗或夢中，而是安住在清淨的覺知之中。

在大部分的典籍中，將「明光」定義為「明空不二」（空性和明性的合一），它是清淨的、空性的覺知，也是眾生的根基。「明」（clear）是指空性、母親、根基和阿賴耶；「光」（light）是指清澈、兒子、本覺和清淨的本具覺知；「明光」是直接了悟本覺與根基的合一、覺性和空性的合一（覺空不二）。

無明就如你睡在黑暗的房間裡，而覺知就是房內的燈。無論這個房間的黑暗持續了多久，一個小時或一百萬年，當覺知之光點亮的那一剎那，整個房間就變亮了。在燈燄中有佛——法身，你就是那個光燦，你就是那個明光，這不是你體驗到的對境或某種心理狀態。黑暗中的光燦覺知是喜樂的、清明的、不動的、無參考點的、無判別的、無中間或周圍，這就是本覺——心性。

以無貪、無瞋的覺知觀察念頭時，念頭就消融了。念頭（覺性的對境）一旦消融時，觀察者或主體也消融了。就某種意義而言，對境消融時，它融入根基之中；主體消融時，它融入本覺之中。舉這樣的例子有點冒險，因為有人可能會以為根基和本覺是兩件事物，這是一種誤解，因為它們就如水和濕性是不可分離的。在此所講的是同一件事物的兩個面向，而這種說法只是為了幫助我們的理解，並且從主體與客體的表象二分法的角度去認識教法。事實上，主體與客體從未分離，我們看到的只是一種分離的幻相。

第三章

睡眠修持與夢修持

夢修持與睡眠修持的差別

夢修持與睡眠修持的差別有點類似在「止」中，可分為有對境的「止」（有所緣止）與無對境的「止」（無所緣止）兩種修持。同樣地，在密續的修持中，夢瑜伽是用來生起所觀修本尊的殊勝色身，這個修持仍然在主體與客體之境，然而，睡眠瑜伽培養的是本尊的心，也就是清淨的無二覺性。就某種意義而言，夢修持是大圓滿的次要修持，因為夢瑜伽仍然需要修持境相和影像，而睡眠修持既無主體，也無客體，只有「無二」的本覺。

剛開始被引見大圓滿修持的學生，通常是從「有所緣」的修持開始，直到達到一些穩定之後，才會開始學習「無所緣」的修持。這是因為我們的心識主要是以「有所緣」的方式在運作，也就是我們認同主體的對境。因為我們持續地認同「活動心」的運作，因此在一開始，必須提供讓心能執取的對境來修持。如果有人告訴我們「只要安住在虛空之中」(Just be space)，「活動心」就會不知所措，因為無物可以執取，於是為了進行這樣的修持，心會製造一個空性的影像。然而，這個修持並非如此。但是，如果要我們觀想一個事物，然後消融它等，「活動心」便會感到舒適，因為有東西可以去思考。我們運用「概念心」和覺知的對境而引導心進入「無所緣」之中，這就是修持要達到的目標。

例如，教法告訴我們要想像將身體消融，這聽起來是做得到的，因為有畫面可以想像。在消融之後，有一個無物可執取的剎那，這種時刻是給那些已經準備妥當的修行者去認出本覺。這有點類似倒數，從十、九、八……零，當數到「零」時，無物可以執取，這是空性虛空的明點，我們是透過移動到達彼處。「倒數」至空性類似將我們從「有所緣」的修持，帶領至「無所緣」的空性修持。

圓滿睡眠修持，於中陰解脫

睡眠瑜伽通常沒有形體，所以並無任何事物可以專注，它的修持方法和目標是一致的：安住在「明空不二」之中，超越「能」與「所」的二元分立。這是無特質、無上下、無內外、無頂部或底部、無時間和邊界，完全無有分別。由於心無對境可以執取，就如在夢中一般，因此睡眠修持被認為比夢瑜伽更加困難。如果你能在夢中保持清明，這表示你已經認出夢，夢是覺知的對境。但是在睡眠修持中，並非由主體認出客體，而是覺知本身以無二元的方式認識到清淨覺知——明光，在其中感官的心識並未運作，所以依賴感官體驗的心並無作用。明光就有如不靠眼睛、對境或觀看者的一種觀看。

這類似在死亡時會發生的情況，想要在中陰的第一個階段解脫是比較困難的，也就是要在第一個本淨中陰（藏 ka-dag-bar-do）解脫，要比在隨後的明光中陰（藏 od-sal-bar-do）解脫更為困難。在明光中陰中，影像會生起。在死亡的時刻，中陰境相顯現之前的一個剎那，主體的體驗會完全地融入根基之中。在那個剎那，沒有主體的「我」，就如每天的體驗都會在消融於睡眠之後結束。我們消失了，接著夢在睡眠中生起，或影像在中陰生起，當夢或中陰的影像接收到習氣的力量時，就創造出「能接收的自我」在經歷感知的對境。我們再次陷入二元性之中，而在睡眠中繼續做輪迴夢，或在中陰裡繼續下一個投生。

如果我們圓滿睡眠修持，就能在本淨中陰之中獲得解脫；否則就會遇到隨後而起的中陰境相，在此境相中，如果我們已經圓滿夢修持，就比較有機會獲得解脫。如果並未圓滿夢修持或睡眠修持，我們就會繼續在輪迴中流轉。

從夢瑜伽開始修持

你必須自己抉擇這些修持中對你最適合的修持。了知自己、認識自己的能力和障礙，透過認識自己而採取最利己的修行方式，以上這些都是大圓滿教法一直強調的重點。教法提到只有少數人的睡眠修持比夢修持來得容易，所以，我通常都建議從夢修持開始。如果你的心仍然會執取，那麼，從夢瑜伽開始是有道理的，因為在這個修持中，心可以專注於夢。培養穩定的本覺之後，睡眠修持就比較容易達成，因為在本覺中保持穩定指的即是一種不執取、無主體的強烈體驗，這也就是睡眠的狀態。我建議從夢瑜伽開始修持的另一個原因是，通常修行者要在睡眠中達到清明比夢修持需要的時間更長。如果長時間修持而未達成明顯的成果，修行者可能會感到氣餒，這會變成道上的障礙。然而，一旦你在其中一個修持生起一些體驗時，就請繼續下去並強化自己的修持。

究竟而言，這兩種修持是相輔相成的。在夢修持完全圓滿時，本覺的無二覺性就會在夢中顯現，這會帶來許多的明性夢，最後夢會消融在明光之中，這也是睡眠修持的成果。相反地，如果修行者在睡眠瑜伽有所進展，夢自然會變得清明，明性夢會自然而然地生起，如前所述，明性夢可以用來培養心的靈活力。然而，要達到這兩個修持的成功，我們都需要認出清淨的本覺，並且在白天穩定它。

第五部

睡眠瑜伽的修持

睡眠瑜伽不只是睡眠的修持，
它是貫穿清醒、睡眠、禪修和死亡的四種狀態，
修行者能持續地安住在無二覺性的一種修持。

第一章　空行母薩潔·度·達瑪

觀想守護睡眠的空行母

《母續》的教法中提到一位空行母，她是殊勝睡眠的保護者和護法。如果能與她的本質（修持的本質）建立關係的話，就會很有幫助，因為她能引導並加持我們從無意識轉移至有意識的睡眠。這位空行母的名字是薩潔·度·達瑪（Salgye Du Dalma；藏 gsal-byed-gdos-bral-ma），意思是「超越概念的淨化之母」（She Who Clarifies Beyond Conception），她是隱身在一般睡眠黑暗之中的光明。

她在睡眠修持中是無形的，但是當我們睡著時，我們要觀想她就如一個明亮的光點——明點。我們觀想她是光，這不像是夢瑜伽中有形的種子字，因為我們修持的是超越了形體的能量。我們要消融所有的分別，諸如「內」與「外」、「自」與「他」。當我們觀想形體時，心會習慣性地認為形體有別於心，因此我們必須超越二元性。空行母代表明光，她就是我們在清淨狀態時的樣子——清晰和光燦。在睡眠修持時，我們變成了她。

薩潔・度・達瑪（Salgye Du Dalma）

當我們建立與薩潔・度・達瑪的連結時，我們就連結了自身的深層本性。藉由盡可能地憶念著她，便可以加深與她的連結。白天時，我們可以觀想她純白、光燦且美麗的報身*（samboghakaya）。她透明的身體完全由光所組成，右手拿著一把鉞斧，左手拿著一個顱骨做成的碗。她位在我們的心間，端坐在一個白色的月輪上，月輪之下有一個金色的日輪，日輪置於一朵美麗藍色四瓣蓮花之上。在上師相應法中，觀想你融入她，她融入你，融合你的本質，直到兩者合而為一。

修行的嚮導——薩潔・度・達瑪

無論你身處何處，她都與你同在，她住在你的心間。你在用餐時，向她供養食物；在飲水時，向她供養你喝的飲料。你可以與她交談，如果你處於一個能聽得見她的空間，就讓她對你說話。這並不是意味著要你變成瘋子，而是你可以運用自己的想像力。如果你讀過某個法本，也聽聞過這些開示，便可以想像她為你宣說你已經知道的這些教法。讓她提醒你：要安住在覺知中；要斷除無明；從事慈悲的行為；保持正念，避免散亂。你的老師或朋友都無法一直伴隨著你，但是空行母卻可以。讓空行母成為你的良友和修持的嚮導，你終究會感受到自己與她的互動開始變得真實，她將會體現你對於佛法的認識，並且回應到你的身上。當你一憶起她，你身處的房間似乎會變得更明亮，心也會更清晰。她是在教導你，你所體驗到的光燦與清明是你本來就有的明光。如果你能如此地訓練自己，或是在產生負面情緒時自動地想到她，就算你感覺不到與空行母的連結，你的困惑和情緒的陷阱會變成將你帶回覺知的一種提醒，它就有如寺院的鐘聲，象徵著提醒大家要開始修持。

如果你覺得與空行母保持這種關係聽起來很陌生或古怪，你可以從心理學的角度去思考，也是很好的。你可以把她當做另一個人，或是用來引導自己專注力和心的一種象徵。無論是哪一種情況，虔敬和持續是心靈之旅的重要資產。你也可以將自己原本修持的本尊放在這個修持上，如果你做某位本尊或證悟者的修持，讓修持變得不同的關鍵不是形象，而是你的努力。但是，能認識薩潔．度．達瑪也是很好的，因為她與《母續》中的這個修持特別有關。曾經有許多修行者因為修持薩潔．度．達瑪的形象和能量，並且與傳承的力量產生連結，而獲得很大的助益。

想像力是很有威力的，那威力強大到足以把我們的一生都綑縛在輪迴的痛苦中，也強大到足以讓我們與空行母的對話變成真實。修行者通常會覺得法教很死板，但其實不然；法教是很靈活的，心也應該靈活地運用它。你有責任探索如何運用教法來幫助你的了悟，而不是去想像明天會如何，或與老闆的吵架，或晚上將要與伴侶碰面的情況；去想像這位能體現修持最高目標的空行母，是更有幫助的。重點是培養自己想要達成這個修持的強烈動機，以及培養與你真實本性（空行母象徵的意義）的牢固關係。盡可能地經常向她祈請，祈請她賜予你明光睡眠，如果每次都如此做，就能增強自己的動機。

究竟而言，你與空行母要成為一體，這不同於密續修持中要將自己的外相觀想成如同空行母。這意思是你要安住在心性中，每一剎那都是本覺。安住在本然狀態之中，既是最好的前行，也是最好的修持。

第二章　前行

如果帶著壓力和緊張入睡，這些情緒就會隨著你入眠。如果可能的話，將心帶入本覺之中，如果你無法做到，那麼將心帶到身體、中脈或心間。夢瑜伽建議的前行修持——皈依上師、本尊和空行母，或九節佛風和上師相應法，也適用於睡眠瑜伽。最起碼去思惟能增益虔敬心與修持的善妙事物，諸如生起慈悲心，這是每個人都做得到的。你也要祈願能生起明光睡眠；如果平日在睡前會做其他的修持，你也可以繼續做那些修持。

在夜晚留一盞蠟燭或小燈能讓心保持比較清醒，亮燈睡覺的感覺會有點不同，這樣的不同可以幫助你保持覺知。如果是用蠟燭的話，請小心火燭。

光不只是幫助你保持警覺，它也代表空行母薩潔・度・達瑪，因為光的明性和光燦比起有形世界中任何其他現象更接近她的本質。將光點亮時，想像房間裡的光明就是空行母以這樣的本質圍繞著你，讓外在的光連結你內在的光，連結你本有的光明。以物質世界的光去連結修持是有幫助的，因為當世俗心要融入清淨的覺知時，外在的光能給予世俗心一個方向和依止，外在的光可以成為有形的概念世界與無形的無概念直接體驗之間的一座橋梁。

我們有時可採用另一種前行修持，也就是一個、三個甚至五個晚上不睡覺，這會讓世俗心筋疲力盡。傳統上，修持這種方法的時機是修行者的上師就在身邊。修行者一陣子未睡覺之後，終於可以睡覺了，此時上師就會在晚上定時地叫醒學生，然後問他：「你有保持覺知嗎？你有做夢嗎？你落入無明睡眠了嗎？」

如果想要嘗試這個修持，找一位自己信任的、經驗豐富的修行者，最好是從一個晚上不睡覺開始。在前一天不睡覺而今天要入睡前，如果可能的話，利用按摩來放鬆身體並打開氣脈，然後請這位修行者在晚上叫醒你三次，並且問上述的問題。每次醒來後，做後面章節敘述的修持，然後再繼續睡覺。有時世俗心會因為筋疲力盡而變得很沉靜，此時的心就很容易安住於明光之中。

第三章　睡眠修持

睡眠修持的五個明點

睡眠瑜伽的四座修持是在晚上清醒時段進行，這一點與夢修持相同。然而在睡眠瑜伽中，四座修持的內容完全相同。

以獅子臥姿躺下，就如夢修持章節中所描述的：男性右側臥，女性左側臥。觀想心間有一朵四瓣的藍色蓮花，空行母薩潔・度・達瑪位在花瓣中央，觀想她的本質是一個明亮、清澈的純淨光點——明點，就如完美的水晶球般的透明。明點本身是清澈、無色的，花瓣的藍色映照著它，因此明點變成淡藍色。把你的覺知與光亮的明點融為一體，直到自己變成發亮的藍光。

在藍色的四片花瓣上各有一個明點，再加上中央的明點，所以一共有五個明點。前方的是黃色明點，代表東方；你的左側是北方，有綠色明點；後面是西方的紅色明點；右側是南方的藍色明點。（見左頁）明點代表四位空行母的明亮本質──有色之光，不要觀想她們的身體是明亮光體之外的東西，四個明點就有如薩潔・度・達瑪的四位眷屬。讓你自己感覺到四周都受到空行母的保護，試著真正去感覺她們的愛，直到你生起安全感和放鬆為止。

向空行母祈請你能有明光睡眠，而不要進入做夢或無明睡眠。強化你的祈願，生起虔敬心，一再一再地祈請。祈願會幫助你增強虔敬心和動機，我們不得不強調強烈的動機是修持的基礎。培養虔敬心能幫助我們生起「專一」（one-pointed）的動機，這個力量強大到足以穿透遮蔽明光燦然的無明烏雲。

進入睡眠

雖然睡著的體驗是連續的，但是為了將覺知帶入睡著的過程中，所以將此過程分為五個階段。在下頁（即196頁）圖表中，左邊列出的是感官與感官對境分離的漸進過程，直到「感知完全消失」，意指完全失去感官的體驗。

一般而言，認同感取決於感官世界。一旦世界在睡眠中消失時，心識的依止物就瓦解了，這個結果就是「睡著」，這意味著我們變成無意識。睡眠瑜伽中，心識與外在世界的接觸消失時，就利用明點作為心識的依止物。修行者要根據感官體驗消融的階段，依序對應到五個明點，直到外在世界完全消失，最後主體就消融在明光的清淨無二光明之中。在進入睡眠前，從一個明點到另一個明點的移動要保持連貫不斷，過程要儘量地流暢。

睡眠修持的五個明點

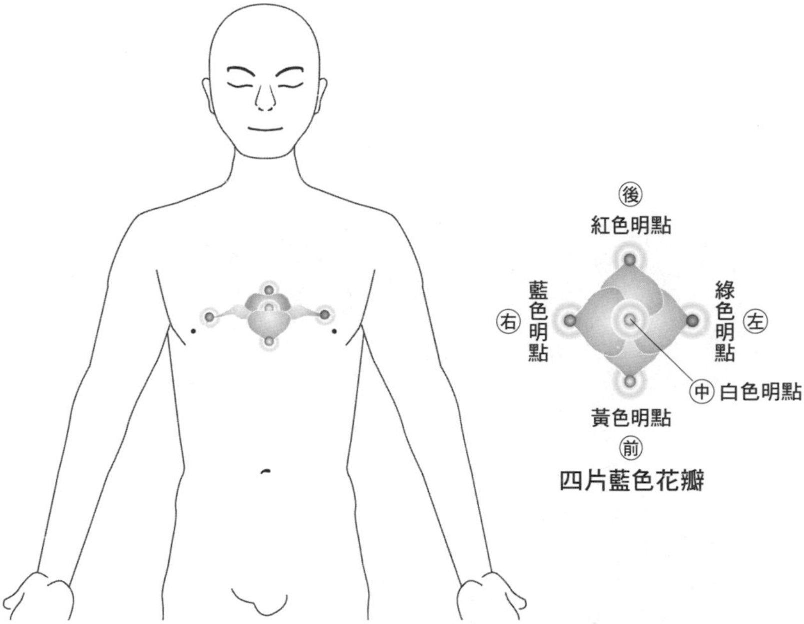
後
紅色明點
藍色明點
右
綠色明點
左
中 白色明點
黃色明點
前
四片藍色花瓣

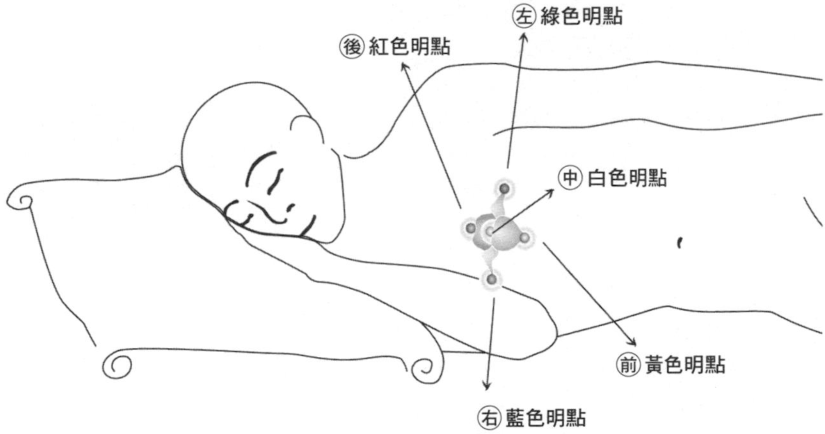
左 綠色明點
後 紅色明點
中 白色明點
前 黃色明點
右 藍色明點

一、感知

你以正確的姿勢躺下之後，感官保持完全的作用：眼睛能看得到，耳朵聽得見，皮膚可以感覺到床鋪，這是感知的階段。感官體驗是「世俗我」的依止，我們開始將這個依止轉移到以明點作為象徵的清淨心識上。第一步是將你的覺知與前方美麗的暖黃色明點融為一體，「概念心」在其中開始消融。

二、感知降低

閉眼時，與感官世界的接觸開始消失。這是第二個階段，感知開始降低。當外在世界的依止物消失時，將覺知轉移至左側的綠色明點。當感官體驗微弱時，讓認同感開始消融。

三、感知衰減

當感官體驗更加微弱時，將覺知轉移至紅色明

感官體驗停止的階段：

感官體驗	明點		
	顏色	方向	位置
一、感知	黃	東	前
二、感知降低	綠	北	左
三、感知衰減	紅	西	後
四、感知停止	藍	南	右
五、感知消失	淡藍	中	中

點。我們很熟悉入睡的過程，我們的感官知覺會減緩和模糊，漸漸地失去感覺。一般而言，當認同感的外在依止消失時，便會失去「我」，不過你現在要學習無任何依止物而能有「我」的存在。

四、感知停止

當感官體驗幾乎消失時，將覺知帶往右邊的藍色明點。在這個階段，所有的感官體驗都止息了。所有的感知都平靜下來，與外界幾乎沒有任何接觸。

五、感知消失

最後，當身體完全地進入睡眠，我們對於身體感知的所有接觸都消失時，將覺知完全融入中間的淡藍色明點。在此階段，如果你的修持成功的話，明點不會成為實際的覺知對境。你不用觀想藍光，也不必利用位置來確定體驗，然而，你會成為明光，會在睡眠中安住於明光中。

覺知感官體驗止息的過程

要知道這五個階段並不是指內在的、內心的顯相，而是感官體驗逐漸止息的過程。一般而言，睡眠者都是無意識地經歷這過程，但是這個修持是要讓這些過程在覺知之中進行。我們無須清楚劃分過程中的階段，當心識從感官撤離，你在明點間移動時要保持覺知的平穩，直到移至無二的覺性——中央明點的明光，最後就安住於此。這就有如身體逐漸進入睡眠，然而你是逐漸進入明光。別依賴概念去決定從一個明點移至下一個明點的過程，也別製造這個過程，而是讓動機在體驗中展開這些過程。

如果你在這個修持的過程中完全醒過來，那麼就從頭開始。你無須太執著於修持的型態，也無須在意過程進行的快慢。有些人需要很長的時間才能睡著，有些人倒頭就睡著了。然而，他們經歷的過程是相同的。一根針可以立即刺穿五片薄如輕紗的翅膀，但是也有五次才能刺穿一片翅膀的狀況。所以，別過於分析該是什麼階段，或是執著要把過程均分為五段。觀想只是在初期作為覺知的依止，我們一定要了解並運用修持的精髓，別迷失在細節之中。

根據我自己的經驗，我發現當明點放在相反方向時效果也很好。進入修持時，你觀想黃明點在前方，它代表地；藍明點在右方，它代表水；紅明點在後方，它代表火；綠明點在左方，它代表風；最後是淡藍明點在中央，它代表空。這個順序與死亡時元素消融的順序相同。你可以試試看，然後決定哪一種順序最適合自己。

在夢修持中，夜晚醒來三次是最好的，期間間隔約兩個小時。一旦體驗增長了，你可以在夜晚自然醒來的時刻修持，而無須設定三次起床時段，每次醒來期間都重複同樣的修持。每次醒來時，檢視醒來之前的那個睡眠體驗：你是否完全失去覺知而睡在無明睡眠中？你有做夢嗎？你迷失在輪迴睡眠中嗎？或者，你在明光之中，安住在清淨的無二覺性呢？

第四章 明點

「明點」有許多不同的定義，每一種定義適用在不同的狀況。在此處的修持，明點指的是一個小光球，它代表心識的獨特特質，若以中央的明點來說明，它代表的是清淨本覺。雖然究竟而言，覺知必須是穩定的且不依賴任何對境，但是在培養出這樣的能力之前，「光」是一個有用的依止物，它是明亮、清澈的，雖然仍然屬於世間的形體，但是與其他可感知到的形體相比，它比較不具有實體。在修行者能安住在無影像、空性、覺知和光的本質（光明）之前，觀想是很有用的橋梁和拐杖，在這之後，甚至連可覺察的光也可以捨棄了。

觀想明點在心輪的四瓣藍色蓮花時，你無須確定它在解剖學上的位置，重點是感覺身體中央的心間部位。運用覺知和想像力找到正確的地方，一個真正有感覺的地方。

明點的顏色並非隨機的選擇，顏色能影響心識的特質，色光能引發獨特的特質，使得修持更為完整，就如特定的脈輪、顏色和種子字構成夢瑜伽的進展。我們可以體驗到從一個明點移至下一個黃色、綠色、紅色、藍色明點時的不同特質，就某種角度而言，我們要讓自己敏銳地感受這些差異。

這不是轉換的修持，在這修持中無須轉換自己的身分，在睡眠瑜伽中需要完全放下認同感。這個修持並不像在密續修持中需要維持某個觀想，但心必須專注某樣東西上，如果沒有光，心就會攀執其他事物。

在體驗到本覺之前，我們很難想像覺知要如何安住在既無主體也無客體的覺知上。一般而言，心識需要一個對境，這意指要以一個形體或對境作為心識的「依止物」。在修持中，觀想的客體和主體之認同感的消融，這是訓練修行者在心識的二元依止消失時，仍然能保持覺知。這是睡眠瑜伽的前行準備，卻非睡眠瑜伽的修持，甚至「修持」也是某種依止，在實際的睡眠瑜伽中，既無依止，也無修持。睡眠瑜伽的成功與否，取決於依賴依止的心能否消融至根基中。

第五章　進展

通常當人開車行經熟悉的路線時，就會丟失當下的覺知。即使是白天長達四十五分鐘到一個小時的通勤，雖然覺知很強，卻什麼也沒看到。駕駛習慣性地開車，迷失在對於工作的想法、幻想要去度假、擔心帳單或家庭的計畫之中。

後來這位駕駛成為修行者，於是決定在開車回家時，盡可能地保持在當下，並利用這個時間作為增強自心的修持機會。然而，因為受到制約的緣故，所以很難做到。心不斷地飄走，於是修行者試著把心帶回來——去感覺方向盤、去注意高速公路沿途的草皮顏色，但是心只能保持一會兒，接著心的活動再次把注意力帶走。

這與禪修的情況相同。心專注在本尊的圖像、「ཨ」（啊）字或呼吸上，一分鐘之後，心又再次偏離。覺知要持續地保持在當下半個小時，這需要一段長時間的練習，甚至要好幾年。

一旦開始進行夢修持，其進展都是差不多的。大部分的夢在整個過程都完全處於散亂之中，而且幾乎是一做完就忘記。透過修持，開始有清明的時刻，而且夢中清明的時間會逐漸增長。雖然如此，還是會失去心的清明，或者下一個夢又失去了清明。這樣的進步無疑是看得到的，但是這需要精進和強烈的動機。

睡眠修持的進展通常比較慢，如果長時間修持之後仍無進步，如覺知並未增進，也看不到為生活帶來好的改變，那麼最好別接受這種狀況，你要做淨化的修持，檢視並修復毀損的誓約（三昧耶），或修持身體的氣與能量。你也許需要其他的修持來淨化障礙，以作為達成睡夢瑜伽的基礎。

修行者就如葡萄藤，必須靠著支撐才能成長。外在環境對於生活品質的影響很大，所以花時間在有益於修持的環境和人之上，不要分心。你可以閱讀一些佛法的書籍，或與其他人一起禪修，或參加課程，並且和其他的修行者交流。修行者有責任誠實地評估自己的修持和成果，否則，你很容易耗費數年的時間在修行上並相信自己有所進展，然而實際上卻什麼也沒有發生。

第六章　障礙

睡眠瑜伽不只是睡眠的修持，它是貫穿清醒、睡眠、禪修和死亡的四種狀態，修行者能持續地安住在無二覺性的一種修持。因此，以下提出的障礙其實是偏離了明光，而進入二元輪迴體驗的一種障礙。這些障礙如下：

一、由於感官或內在現象而分心，因此在白天失去本然明光（natural clear light）。
二、由於做夢而分心，因此失去睡眠明光。
三、由於念頭而分心，因此（於禪修期間）失去禪定明光。
四、由於中陰的境相而分心，因此失去死亡明光。

一、在白天失去本然明光

清醒生活時的障礙即是外在的顯相，我們迷失在體驗、景象和感知對境中。一聽到聲音，我們就分心了；一聞到氣味，我們就迷失在現烤麵包的白日夢裡；被風吹動的頭髮搔得脖子發癢，我們就失去無焦點覺知的本覺，變成一個正在體驗感覺的主體。如果我們安住在本覺的明性中，體驗會是不同的。聽到聲音時，我們與聲音內在的寂靜相連，因此不會失去覺知。一個景象經過面前，我們能穩固地處於靜止之中，安住於不動的心。想要克服外在顯相的障礙，就是要培養穩定安住於本然明光的能力。

本然明光是白天的明光，這與夜晚的明光是相同的，如果能認識白天的明光，我們也能在睡眠時認識明光。這個修持是透過清醒生活的本然明光，連結睡眠明光和禪定明光，直到我們能持續地安住在清淨的本覺中。

二、失去睡眠明光

我們要了悟睡眠明光的障礙是夢。做夢時，我們以二元分立的方式回應它，而且將世間的事物變成夢中情節的題材。這很類似於第一種障礙，但此處是內在而非外在的。我們說影像障蔽了明光，然而，其實並不是夢障蔽了明性，而是我們偏離了明性。這就是為何我們在修持的一開始要祈請不要有無明睡眠，也別在睡眠中做夢的原因。一旦培養足夠的穩定性，夢便不會再干擾我們，而成為明光夢。

三、失去禪定明光

禪定明光是禪修的明光或心識的明光，這是禪修之中的本覺。在修持之初，念頭是禪定明光的障蔽。隨著修持培養出穩定的本覺時，我們就能學習將念頭與本覺結合在一起。在那之前，念頭生起時，我們就會執取它或排拒它，於是就偏離了本覺。

我們不應認為禪定明光是修持多年之後的徵兆，在生活中的許多時刻，也能發現本然明光。事實上，任何時候都能發現本然明光。關鍵在於是否有人為你指出來，然後你能認出它。

四、失去死亡明光

中陰境相會阻礙死亡明光，我們受到死後生起的境相干擾而失去本覺的明性，然後以二元分立的關係看待境相。就如其他三個障礙，如果你有足夠的穩定性安住在明光之中，就不會失去死亡明光。

將障蔽轉為道用

中陰無須成為死亡明光的障蔽；念頭無須成為禪定明光的障礙；夢無須成為睡眠明光的

障礙；外境無須成為自然明光的障礙。

如果我們受到這四種障礙的迷惑，就無法出離輪迴，只能落入輪迴的圈套。如果能圓滿睡夢瑜伽的修持，我們就會知道該如何將這些障蔽轉為道用。

睡眠修持不只是針對睡眠，而是不論在清醒和睡眠、做夢和中陰的任何時刻都能與明光結合的一種修持。如果你能做到，就能獲得解脫。神祕的體驗和洞察力，以及所有的念頭、感覺和感知都能在本覺之中生起，當這種情況到來時，讓它們自然而然地「自解脫」，消融在空性之中，不遺留習氣。那麼，所有的體驗都是直接的、當下的、鮮明的和完整的。

第七章

輔助修持

以下是各個修持的簡要說明，大部分是《母續》中建議的修持，用來輔助主要的睡眠修持。

上師

想要幫助睡眠修持，就要增強對於自身真實本性的虔敬。觀想上師在頭頂，培養對上師的連結感和虔敬心。基於清淨的虔敬心，你與上師的連結是非常純淨的。觀想上師時，要超越僅只是影像的觀想，你應該增強虔敬心，真正感覺上師的存在。強烈和誠摯地祈請，然後觀想上師融入光中，進入你的頭頂，再下降至心間。想像上師停留在心間之後，你就可以入睡。

當你感覺接近上師時，其實你就是接近了自身的本性。這就是上師的幫助。

空行母

心間有一朵明燦的蓮花，蓮花上有一個日輪，薩潔・度・達瑪就坐在日輪上。她清澈、透明，就如明亮的光一般光燦。深切地感覺她的存在，感受她的慈悲與關愛。她保護你、幫助你、引領你，她是你能全心全意倚賴的夥伴，她是明光的本質，是你的目標、證悟。你在心中生起對她的愛、信任和尊敬。她是從了悟而來的明光。專注著她，並向她祈請，然後睡著。

行為

到一個無人的僻靜處。用土把自己埋起來。吃比較油膩的食物，用來克服氣的不調。然後在曠野中四處跳躍，完全釋放你內在一切的阻礙和散亂，因為周圍沒有人，如果需要的話就讓自己爆發。讓這個宣洩淨化你、讓你放鬆，完全釋放你的緊張。熱切地向上師、本尊、空行母和皈依境祈請。強烈地祈請，請求明光的體驗，然後在這覺醒的體驗中入睡。

祈願

如果你在白天、禪修和睡覺時都沒有明光的體驗，那麼就一再地祈願能夠生起這樣的結果。我們很容易忘記願望和祈願的簡單力量，以為祈願必然是某種非凡的事物，只能針對外在一些不可思議的力量，實際上並非如此。重點是要在祈願中深切地感受到意願和渴望，我們要放進感情。

以前的人們在互道晚安、早安或祝你有個好眠時，話語會帶有力量和感覺，但是現在這些話只是我們機械化含糊說出的習慣用語，並無任何感情或意義。我們以相同的音調說出同樣的話，但無任何力量，祈願時要小心別這麼做。要知道祈願是有力量的，但它並非存在於字句中，而是你在祈願中注入的感情。培養意願，強化它，然後放在祈願之中。

消融

這個修持能夠幫助你了解在修持中要如何專注。這個修持一開始是從「光」和「感知到光的人」開始，其目的是要將兩者合而為一。

完全地放鬆，閉上眼睛，在你的心間清楚地觀想一個拇指印大小的淡藍色明點，逐漸地讓這個明點變得更大、更擴散。如果能看見明點的光是很好的，但更重要的是去感受它，讓光芒從你的心間放射出去。當美麗的藍光放射出去時，凡是被光觸及的東西都消融了。消融你現在所處的房間、房子、城鎮、縣市和國家，消融世界的每個部分，以及太陽系和整個宇宙。心觸及的每一處，無論是地方、人、東西、念頭、影像或感覺，全都消融了；欲界、色界和無色界都消融了。當外界的一切都融入光中時，然後讓光進入你，讓光消融你的身體，於是身體變成藍光，並且融入周圍的藍光。然後，你心中的每個念頭和內心活動都消融了，消融了生活中所有的問題。與光融為一體，一切都變成光。現在無「內」或「外」，無「你」或「他」，已無實質世界或「我」的感覺，只有心中的明光，現在遍滿了虛空。體驗還是會生起，但是讓生起的一切都自然而然地融入藍光之中，讓它毫不費力地發生。只有光，接著，甚至連光也逐漸融入虛空之中。

這就是你在睡眠之中應該安住之處。

放射和收攝

這是類似的方法，不過是幫助睡眠瑜伽的一種更正式的修持。呼氣時，觀想有數千個藍色「ཧཱུྃ」（HUNG，吽）字（見133頁）從兩邊鼻孔呼出。這些「ཧཱུྃ」字是從心間產生，沿著脈往上，隨著呼吸從鼻孔出去。當它們向外擴散時，遍滿所有的虛空和空間，只要被它們觸及的萬物都因此而消融，藍色「ཧཱུྃ」字的光明照亮所有的虛空。吸氣時，「ཧཱུྃ」字的光返回，照亮並消融身與心，直到沒有內或外。做這樣的觀想，直到只剩下「ཧཱུྃ」字光芒的放射與收攝。融入這個光，並安住在「無二」的狀態中。做二十一次的呼吸，如果你能做更多也無妨。在白天儘量地做這個修持。

心會耍詐，它的主要詭計是把自己當成主體，再把其他的一切當作主體之外的事物。在這個修持中，你自身之外所接收到的一切事物，全都消融於呼氣中，接收者消融於吸氣中。內、外兩者都變成明亮、清澈的，彼此交融且不可分割。每當你的心找到可以脫逃到散亂的一扇門，就讓覺知以藍色「ཧཱུྃ」字尾隨它；心想要攫取對境時，就將這個對境融入光中。心回到自身並執取自己是主體時，也將這個主體消融。最終，連堅實的感覺都能消融，這裡和那裡、主體和客體、事物和實體等的感覺都會消融。

我們通常認為這些修持能增長明光的體驗，不過，一旦你知道什麼是明光，這個方法也能延長明光的體驗。

第八章 融合

一旦認識了本覺，生活中的一切都會與它融合，這就是修持的作用。生活需要採取一些型態，如果我們不塑造生活的話，它就會受到「業」的支配，這並不是我們所樂見的。隨著修持更融入生活，許多正向的改變就會發生。

明光與三毒的融合

明光必須與無明、貪欲和瞋恨三根本毒*（three root poisons）融合。

睡眠瑜伽是結合明光與第一個無明的修持。

貪欲與明光的融合，類似在睡眠中發現明光。當迷失在睡眠的黑暗中時，我們見不到明光；當迷失在貪欲時也是如此，我們的真實本性被障蔽。無明睡眠完全障蔽一切，甚至是「我」的感覺。不過，貪欲是在特定情況下才會障蔽本覺，它強烈地分立主體與貪欲的對境。「想要」（want）本身是一種壓抑的心識，它是從匱乏感而來，只要我們未安住在真實本性中，就會一直停留在匱乏的狀態。雖然最清淨的欲求就是渴望完全了悟本覺的一種完全圓滿的狀態，然而，因為我們尚未直接了知心性，因此貪欲就會轉而執著其他事物。

如果我們直接觀察貪欲，而不去執著貪欲的對境，那麼貪欲就會消融。如果我們能安住在清淨覺知中，那麼貪欲、貪欲的人和貪欲的對境全都會融入它們的空性本質中，於是明光就會顯露。

我們也可以運用滿足欲望作為修持的方法。在「明空合一」之中蘊含著愉悅，在西藏的圖像中，是以佛父、佛母（藏 yab yum）——男女本尊雙運——的形象來呈現。這些形象代表智慧與方便、空性與明性、阿賴耶與本覺等的無二雙運。雙運的愉悅以各種外觀之二元的結合呈現，這二元指的是「具貪欲的主體」和「貪欲的對象」。在貪欲滿足的那一刻，貪欲就止息了，「具貪欲的主體」和「貪欲的對象」兩者的外觀之二元就瓦解了。當這二元性瓦解時，根基（阿賴耶）就會展露出來，然而，習氣的力量通常會把我們帶入下一個二元性的活動。不過，在下一個體驗發生前會有一個間隙，只是我們通常是處於一種無意識的狀態，而不是在本覺的體驗中。

例如，有一種與男、女之間性交有關的修持。一般而言，我們的高潮是一種歡愉模糊的體驗，幾乎是無意識的，一種貪欲和掉舉的耗盡現象，這是從貪欲完全得到滿足而來的。但是，我們可以將這樣的「樂」與覺知融合，如果可以不迷失於其中，安住於「觀察的主體」與「被觀察的客體」兩者不分離的完全覺知中，我們就能在這種狀況中發現殊勝性。如果我們可以片刻放下「活動心」，顯露出空性的根基，在那個片刻融入覺知，就能達到「樂空不二」，這也是密續教導中的特殊開示。

我們通常會在許多這一類的情況中迷失自己，其實如果我們可以在這些時刻認出自己的真實本性，那麼，在高潮或極度快樂時就不會迷失自己。過去，我們在稍微快樂的狀態就失去覺知，並且被綑縛在快樂的感覺或對境中；現在，我們可以訓練自己讓這些快樂成為一種提醒，提醒我們要保持完全的覺知，把覺知帶到當下此刻，帶到身體，帶到感官的知覺，並且放下散亂。這是融合貪欲和明光的一種方法，它並不侷限於特定類別的體驗，在任何有主體和客體二元分立的情況下也能修持。當快樂成為修持的一扇門時，它就不會消失，我們無須抗拒快樂。當主體與客體消融在明光時，我們就可以體驗到「明空不二」，那就是「樂」。

修持瞋恨或瞋恚的方法也與此類似。如果我們能觀察憤怒，不投入它、不認同它，也不受它的驅使，那麼，就能止息對於憤怒對境的二元執著，憤怒會消融於空性之中。如果在這空性中能保持覺知，那麼主體也會消融。在空無的虛空中的覺知即是明光。

透過「在清淨覺性中觀察」，這並非指我們是「憤怒的人」正在觀察「憤怒」，而是指我們即是本覺，在本覺的虛空中產生了憤怒。以這種方式觀察時，憤怒就會消融在空性中，憤怒所消融之處即是虛空，那就是「明」，但是覺知仍然存在，那就是「光」。空性與覺性融合憤怒時，憤怒不再障蔽明光。我們以這種方法觀察念頭，如果「觀察者」與「所觀物」兩者都消失了，那麼就會產生一些本覺的體驗。

大圓滿並不複雜。大圓滿的典籍中通常會有這樣的句子：「我是如此簡單，以至於你無法了解我；我是如此地靠近，以至於你看不到我。」當我們望向遠處時，就無法察覺身邊的事物；當我們期望未來時，就失去了當下。這種情況發生在各個體驗的層面。

西藏有句諺語：「智慧愈多，妄念愈少。」這提出一種雙向的過程，當修持更為清楚和穩定之後，念頭對於體驗的掌控力量會愈來愈弱。有些人很害怕這種情況，他們擔心如果放下憤怒，就不會說出例如這個世界裡有何錯誤的事，他們似乎需要憤怒的激勵。但情況並非如此，做為修行者，我們對於世俗生活負責是很重要的。當壞事發生時，我們必須照料它；當事情出錯時，我們必須說出來。但是，如果我們未看見哪裡有錯，就無須去尋找，而是要安住在本然的狀態中。如果我們生氣了，就必須對治它；如果並未生氣，我們也未錯失任何重要的事情。

我遇過很多人聲稱自己是大圓滿的修行者，自認為已經融入修持。西藏有另一句諺語說道：「當我登上西藏與尼泊爾交界的險峻之處，我向三寶祈請；當我向下走到有美麗花朵的山谷，我哼著歌。」當萬事順遂時，我們很容易說自己已經融入教法，但是，當強烈的情緒發作時，這才是真正的測試。這時我們是否還是大圓滿行者呢？在大圓滿的修持中有很精確的測量標準。我們可以注意自己如何面對生活的反應，就能了解自己融入法教的程度。當摯愛的另一半離去時，我們宣稱自己融入修持的這些好聽的話到哪裡去了呢？我們會經歷痛苦，然而，痛苦也必須與修持融合。

隨著時間的週期融合

傳統上，修持會從見地、禪修和行持三方面來探討。這個部分是關於行持，我們會從它與外在、內在和祕密三者與時間之間的關係來詮釋。

一般而言，我們度過一天之後就會失去能量和覺知，然而在增長修持時，我們會學習運用時間的遷移，讓我們趨向更穩定的明光體驗。

外在的結合：將明光融入於晝夜的週期

為了修持的目的，我們會將晝夜循環的二十四小時切割為不同時段，用來幫助培養清淨覺知之明光的持續性。從前的人都遵循晝夜自然循環的作息，現在不再是如此了。如果你的作息不同，也許你是夜間工作者，那麼就採用適合你情況的教法。雖然白天的時間確實會讓人精力充沛，但是我們無須相信教法中所說的太陽的位置會決定體驗，我們應該思惟這些白天的時間是在比喻內在的過程。《母續》列出以下四個時段：

①現象融入根基；

②心識達到涅槃（nirvana）；

③本具覺性生起為心識；

④在清醒狀態下平衡二諦。

①現象融入根基　第一個時段是從日落到睡覺之間的時段，也就是晚上。在這段期間，每件事物似乎都變暗了，感官的對境變得不清晰，感官的體驗也減弱；內在感知器官的力量也降低了。《母續》比喻這就有如許多小河流向大海：外在的現象、感官的感覺、「世俗我」、念頭、情緒和心識都開始融入睡眠，融入於根基之中。

你可以在晚上運用想像力去經驗這個過程。你不是往黑暗而去，而是前往你真實本性更大的光明；你不是支離破碎而散落在體驗的河流和支流中，而是流向本覺的一體之中。我們一般都與正在枯竭的河流相連，但是修持是要保持與盈滿的大海（根基）相連，萬物都流入寬廣、寂靜和光燦的明光之海。夜晚來臨時，流向無二覺性的圓滿之中，而不要流往無意識之中。

這就是四個時段中的第一時段。

②心識達到涅槃　第二個時段是從你睡著和早晨醒來之間，早晨通常是指黎明。想像這個時段是平靜的、止靜的。典籍中提到，當萬物變成黑暗時，光明就會生起。這就類似黑關，一開始進入時非常黑暗，但是很快就充滿光亮。

嘗試在睡覺時安住在覺知中，與明光完全融合。當外在顯相、念頭和感覺融入根基時，如果你安住在覺知中，這幾乎就如進入涅槃，所有的輪迴體驗在涅槃中都止息了。這是完全的空無，卻帶有喜樂。當你對此有所了悟時，這就是「樂空不二」，這就是在黑暗中見到光明。

這並非說你要等到睡覺時才會有明光的體驗。在睡著前，嘗試讓自己安住在明光中。甚至是在練習睡眠瑜伽的觀想時，如果可能的話，讓自己安住在本覺中。

這是第二個時段，這時的感官知覺和心識就如清澈天空中的壇城。在早上來臨前，盡可能地在這樣的狀態下觀修。

③本具覺性生起為心識　第三個時段是從睡眠中醒來直到心完全活動之間，典籍中提到這是從黎明到太陽完全升起之間的時段。想像一下這個時段的特性：第一道曙光出現在黑暗的天空，並且展開白天的美麗。寂靜之中開始充滿活動的聲音、鳥鳴、車聲或人們的聲音。從內在而言，這是從靜態的睡眠轉移到完全活動的白天生活。

教法中建議要很早起床。如果可以的話，在心性中醒來，別從世俗心之中醒來。以不認同觀察者的方式來觀察，在醒來的第一個剎那是比較容易做到的，因為「概念心」尚未完全清醒。培養自己想要在清淨覺知中醒來的意圖。

④在清醒狀態下平衡二諦　這個時段是從你完全進入白天到日落結束之間。這是白天——你活動的時間，你很忙碌，並與其他人互動。這是完全地陷入世界中，沉浸在形體、語言、感覺、氣味等之中。感官知覺完全地啟動，並且被它們的對境佔滿。不過，你還是應該試圖繼續保持在本覺的清淨覺知之中。

如果你迷失在體驗中，那麼就會被這個世界所迷惑。然而，如果能安住在心性中，你就會發現不必被問問題，也不必回答問題。安住在甚深的無二覺性中能滿足所有的問題。了知這一點，你就能斷除所有的疑惑。

這是第四個時段，這個時段的世俗諦和勝義諦在明空雙運中達到平衡。

內在的結合：將明光融入睡眠的週期

這部分描述的過程類似前一部分的內容。然而，在此講述的不是二十四小時的週期，而是著重在清醒和睡眠的期間，培養出持續的覺知。這裡指的睡眠包含小睡片刻或整個晚上的睡眠。在入睡前，我們必須記得自己能在睡眠中進行修持。這是很正面的，這對於修持和健康都有益。如果修持變成一項負擔，那麼最好是等到培養出鼓舞和歡喜精進之心時，再來修持會比較好。

同樣地，這分為四個時段：

①睡著之前；

②睡著之後；

③醒來後與完全投入世間活動之前；

④下一段睡眠時間之前的活動期間。

①睡著之前　從躺下來到睡著的這段期間，所有的體驗都融入根基之中，就如河流流入海洋。

②睡著之後　《母續》將睡著的情況比喻為法身——明光。已經失去對外在世界的感官知覺，然而仍然保持覺知。

③醒來後　醒來後的這段期間仍然保持著明性，貪執的心尚未清醒。這就有如圓滿的報身，不只是一片空白，還有完全的明性。

④活動期間　當貪執的心變得活耀時，這個時刻就有如化身的展現。活動、念頭和世俗世界「啟動」了，仍然保持著明光。體驗的世界在「無二」的本覺中展現。

祕密的結合：明光融入中陰

這個修持是融合明光與死後的中陰，死亡的過程與睡著的過程相同。在此分為四個階段，這類似於前面提及的內容。

①消融；
②生起；
③體驗；
④融合。

①消融　在死亡的第一個階段，身體的所有元素開始瓦解，感官體驗消融，內在元素的能量被釋放出來，各種情緒停止，生命力和心識也都消融了。

②生起　這是死亡之後的第一個中陰——本淨中陰。此時就如睡著的時刻，一般都是無意識的那段期間。一位有成就的瑜伽士能放下所有二元的認同感，在此階段解脫，直接進入明光中。

③體驗　中陰境相的體驗生起時，這就是明光中陰。此過程類似從睡眠的一片空白進入夢中，心識顯現為各種不同的形象。大部分的人會認同這是體驗的一部分，於是構成二元的「我」，並且對於心識變現的似有對境做出二元的反應，就如在輪迴夢一般。同樣地，一位做好準備和有成就的瑜伽士能在此中陰階段獲得解脫。

④融合　下一個是投生中陰（藏 si-pé-bar-do），準備妥當的修行者會結合世俗諦與「無二」的本覺，此階段再次是世俗諦與勝義諦兩者的平衡。如果尚未培養這個能力，那麼修行者就會認同迷惑的「世俗我」，並以二元的方式與心所投射的境相體驗相連。這個結果就是投生在六道其中的一道。

這四個時段就是死亡過程的階段，我們必須覺察這些階段，才能與明光連結。當臨終時，如果可能的話，我們應該在感官體驗開始消失前就安住在本覺中，別等到進入中陰之後。例如，當聽覺消失，視覺還在時，這就是需要完全安住在當下的徵兆，別偏移到其他的感官知覺。放下一切，進入本覺，這是面對後續階段最好的準備。

就某種程度而言，睡夢瑜伽的所有修持都是為了死亡作準備。死亡是一個交叉路口，每位死者都要往其中一個方向前進。究竟會發生什麼情況，取決於修持的穩定性，也就是修行者是否能完全安住在本覺中。即使是突然面臨如車禍等死亡的狀況，一定有一個剎那能認出死亡已經來臨，雖然這種情況比較難以做到。就在認出死亡之後，你必須試著融合在心性中。

許多人都有過瀕死經驗，他們說在瀕死經驗之後，對於死亡的恐懼就消失了，這是因為在經歷過那種情況之後已了解死亡的緣故。當我們想到死亡時，其實並未經歷過那個真實情況，而只是對它的一種臆想，我們心中的恐懼超過真實的情況。一旦恐懼消失，融入修持就變得比較容易。

三種結合

一天二十四小時的週期、睡眠與清醒的週期和死亡的過程，這三種情況都依循類似的順序，首先是消融，接著是法身（空性），隨後是報身（明光），最後是化身（化現）。修持的原則則永遠都是安住於無二覺性中。就如夢瑜伽一般，切分這些過程純粹是要讓覺知比較容易帶入這些歷程，給予我們前進的目標，並且訓練我們利用這些不可避免的經驗，作為修持清淨覺知的依止。

行持與外在的時程有關，然而，心的本然狀態是無間斷的，除非我們自己將它切斷。想要連結所有體驗的修持方法就是「覺知」，當然，次要的情況也能幫助修持，這也就是為何時間被視為是次要條件的原因。清晨、徹夜未眠、筋疲力盡或處於完全的休息，這些時機都是很有幫助的。有許多時刻有助於融合修持，例如我們急迫需要上廁所和用完廁所之後的釋放感，或高潮的體驗，或因扛重物而使力氣完全耗盡，把重物放下後的休息。如果能保持覺知的呼氣，即使是每次的呼氣都可以是本覺體驗的依止。我們有許多時候是處於一半筋疲力盡和一半的清醒，我們必須讓自己一直保持清醒，那麼就能從筋疲力盡和睡眠中醒來。當我們認同疲憊而睡著時，這會障蔽清醒。然而，雲霧從未真正地遮蔽太陽的光芒，它只能遮蔽被陽光所照的人。

第九章　持續性

我們習慣性地認同心的造作，因此無法在睡眠中發現明光。同樣地，我們在清醒時的生活是散亂、恍惚和不清晰的。我們持續地陷入幻想和內心投射的體驗中，因此無法體驗到本來的無二本覺。

然而，覺知是相續的，即使是在睡覺時，如果有人輕輕呼喊我們的名字，我們仍然能聽得見並做出反應。在白天時，即使是在最散亂的時候，我們對於身處的環境仍能覺察，不會毫無知覺地跌倒或走路撞到牆壁。如此看來，我們永遠都有覺知，這個覺知雖然並未停止，卻是模糊不清且受到障蔽的。如果能穿透夜晚的無明障蔽，我們就能進入並安住在光燦的明光中；如果能看透清醒生活中「活動心」的錯覺和模糊幻想，我們就能見到相同潛在的佛性之清淨覺知。日常生活的散亂和睡眠的無意識，即是同一個無明的兩個面相。

修持的侷限是我們自己造成的，最好別把修持區分為禪修、做夢、睡覺等的時段。究竟而言，我們必須在任何時刻都完全地安住在本覺中，不論是清醒和睡眠的時刻。達到這種狀態前，我們必須在每一個時刻都運用修持，這並不是說我們要練習曾經學過的每項修持。以實驗的心態修持，試著去了解修持的精髓和方法，並探究自己在哪一個修持上有實際的進展，持續地做這些修持，直到本覺穩定為止。修持的構成要素都是暫時的，一旦你能直接認識並安住在明光中，身體的姿勢、前行準備、觀想，甚至睡眠就不再重要了。特定的修持是為了幫助我們達到明光的體驗，然而一旦達到目標，這些修持就不需要了，那時就只有明光。

第六部

詳述

這部內容是有關於睡夢瑜伽的附加釋論，用意是幫助大家建立對於修持的認識。

第一章 背景

在密續和大圓滿之中，上師和弟子的連結異常重要。弟子必須從上師處領受口傳和教導，然後必須培養一定的穩定本覺。弟子如果缺乏穩定的本覺，就難以理解在心靈之旅中的主要差異，因為他們仍然會停留在概念性的區別，而心性是超越概念的。無有理智上的了解，我們很難培養體驗，但是修行者若無體驗的話，教法只會成為抽象的哲理或教條。這種情況就如學習醫學，卻未認知自己的疾病一般。如果未運用知識，知識將毫無用處，僅僅只是去思惟自己處於本覺中，或認為自己了知明光，這樣是毫無利益的。了知和維持見地不只是思惟和談論教法，而是要真正地實踐教法中提到的體驗。修行者學習本覺是透過成為本覺，而了解超越「概念心」的智慧，則是透過了解自己的真實本性即是智慧。

正確地理解睡夢瑜伽，能幫助修行者持續地往修持前進，避免錯誤，並且準備妥當認出修持的成果。對於修持有清楚的理解之後，修行者就可以檢視自己的體驗是否與教法相違，並且避免將其他的體驗誤認為本覺。無論師生是否經常見面，這些體驗終究應該在師生互動的過程中，由給予口傳的上師為弟子檢視。

第二章 心與本覺

當我們認識並安住在自己的真實本性時，就能從無明和痛苦中解脫。我們並非透過「概念心」去認識真實本性，而是透過本初心（fundamental mind），即心性——本覺。在修持中，我們必要的工作是分辨「概念心」與心性的清淨覺知。

概念心

「概念心」或「活動心」是我們很熟悉的每日體驗，心不時地忙碌於念頭、回憶、影像、內心對話、評判、含意、情緒和幻想之中，而且通常會將這些視為「我」和「我的體驗」。「概念心」的基本機能是以二元分立的觀點看待存在，把自己當作客觀世界的主體，它會貪執部分的體驗，而排斥其他體驗。「概念心」做出反應並且為所欲為，因此即使它處於極為平靜和柔和時，例如在禪修或極度專注的時刻，「概念心」的內在是以一種主體的態度，觀察它的周遭環境，並且持續地以二元性的方式參與。

「概念心」不受制於語言和想法。有名詞和動詞、主詞和受詞的語言，必然受限於二元性之中，但是在添加語言之前，「概念心」已經在運作了。從動物都有「概念心」的角度而言，嬰兒和天生瘖啞的人也有「概念心」，這是習氣的結果，在我們發展出「我」的感覺，甚至在我們出生之前就有了。「概念心」的主要特性是本能地將體驗分立為二元，從主體和客體、「我」和「非我」的分立開始。

《母續》將這種心稱為「活動表現的心」(active manifestation mind)，它是依於業氣的移動而產生，以念頭、概念和其他內心活動的型態表現出來。如果「概念心」完全靜止下來，它會融入於心性中，直到念頭、概念和其他內心活動再次形成前，它都不會再度生起。

「活動心」的運作可分為善、不善或無記。善行負責的是心性的體驗；無記行會干擾我們與心性之間的連結；不善行會製造更多的紛擾，例如導致我們與心性更加分離。教法針對善行和不善行為作了更詳盡的區別，例如慷慨、貪婪等。然而，最清楚的區別是：有某些行為會通往與本覺更深的連結，有些行為則會導致我們與本覺失去連結。

從「活動心」所產生的主體和客體的二元性束縛了「我」。「概念心」是一切痛苦的來源，它工作得很認真，因此這是它的成就。我們住在過去的記憶和未來的幻想中，因此切斷了光燦的直接體驗和美好的生活。

無二覺性——本覺

心的根本實相是清淨的、「無二」的覺性——本覺，它的本質就是所有存在事物的本質。在修持中，絕對不能將「活動心」最細微、最平靜和最寬廣的狀態與本覺混淆在一起。當你無法認出心性時，它就會以「活動心」的方式呈現；當你直接認出心性時，它既是解脫之道，也是解脫本身。

大圓滿的教法經常用鏡子來象徵本覺。鏡子對於它所反射的一切事物並無選擇、偏好，也不評判，它反射出美和醜、大和小、善和不善。鏡子要反射什麼事物並不受侷限和約束，然而，無論反射出什麼，它本身都不會受到染污或影響，也從不停止反射。

同樣地，本覺中生起體驗的所有現象，例如念頭、影像、情緒、貪執和貪執之物、每個似有的主體和客體、每個體驗；「概念心」生起，並安住在本覺之中。生與死都發生在心性中，其實是既無生也無死，就如鏡中來來去去的影像，這些影像並不會製造或摧毀鏡子。當認同「概念心」時，我們就有如鏡中的其中一個影像，然後對著鏡中其他的反射做出回應，我們因為迷惑和痛苦而受苦，無止盡地生生死死。我們把反射當作真實的，將生命耗費在追逐幻相之上。

當「概念心」未生起貪執和瞋恚時，它自然而然地放鬆於無造作的本覺中，於是我們就不再認同鏡中的影像，並且能毫不費力地容納體驗中生起的一切，並且珍惜每一刻。當瞋恨生起時，鏡中就會充滿瞋恨；當愛生起時，鏡中就會充滿愛。然而，對於鏡子本身而言，愛或瞋恨都毫無意義，兩者都是鏡子天生反射能力的展現，這就是所謂的「大圓鏡智」（mirror-like wisdom）。當我們認識到心性，並且培養安住於其中的能力時，就沒有任何的情緒能干擾我們，而且所有的狀態和現象，即使是憤怒、嫉妒等，都會於清淨和明性之中解脫，這就是憤怒、嫉妒等的本質。安住在本覺中，我們從根源處斬斷「業」，而且從輪迴的束縛中解脫出來。

穩定在本覺之中，比較容易了悟所有其他的心靈祈願；沒有貪執和匱乏的感覺，比較容易修持良善的特質；不沉迷於「我」，比較容易修持慈悲；不貪著虛幻和狹隘的認同感，比較容易修持轉換。

《母續》將心性說為「本初心」（primordial mind），它就如同海洋；而「平常心」（ordinary mind）就如河流、湖泊和小溪，都是海洋本質的一部分，然後回歸海洋，但是它們暫時看似是不同的水體。「活動心」也被比喻為本初心海洋中的泡沫，它們不斷地形成，然後消融，端視業風的強度，但是海洋的本質並未改變。

本覺從根基中自然而然地生起，它有無盡的展現，所有的現象都從本覺生起，但並不影響本覺。全然安住在心性的結果就是佛的三身：法身，是無念的本質；報身，是無盡的展現；化身，是無迷惑的慈悲事業。

基之本覺與道之本覺

這兩種本覺是從修持的角度來下定義。雖然僅僅是概念上的分類，但是在教導時是有幫助的。首先，「基之本覺」（base rigpa）就是「遍滿根基的根本覺性」（藏 khyab-rig）。只要具有心，就有這個覺性，因此從諸佛到輪迴眾生都有。從這覺性中，生起了所有的心。

第二種本覺是「生起道之俱生覺性」（藏 sam-rig），也就是遍滿覺知的個別體驗，之所以稱為「道之本覺」（path rigpa），那是因為它指的是瑜伽士進入大圓滿修持，獲得了引見、口傳、灌頂之後，生起本覺的直接體驗，也就是說，修行者在被引見之前，尚未在體驗中獲得了悟。

「道之本覺」要能夠展現，仰賴於從根基的「本初覺性」（primordial awareness）生起心。直接了知本初覺性時，就稱為「俱生覺性」（innate awareness），這就是瑜伽士了知的「道之本覺」。在本文中，我們指的本初清淨覺知即是本覺，在道上生起的本覺就是「自覺」（藏 rang-rig）。俱生覺性就如乳脂，自覺就如奶油，我們可以說兩種東西是相同的，但是乳脂要加以提煉才能製造出奶油。這就是生起之本覺或道之本覺，因為我們進入它、放下它，然後再回到「活動心」。道之本覺斷斷續續地出現在我們的體驗中；但是本覺永遠都在，無論我們是否認出它，本初之基的本覺一直都存在，無生亦無滅。

第三章　根基：阿賴耶

阿賴耶的本質是空性

「阿賴耶」是一切存在的根基，也是物質和眾生之心的根基，它是「明空不二」。「明空」（明性和空性）也可說是「明」（clear）與「光」（light），與睡眠瑜伽的明光是相同的。（大圓滿中所說的「阿賴耶」不同於經教唯識宗的「阿賴耶」。在唯識宗裡的「阿賴耶」或「阿賴耶識」是無記的，是非覺醒的內在心識，其中蘊含了各種的念頭和習氣。）

阿賴耶的本質是空性，它是無限的、究竟的虛空。它空無實質，本來就不存在，無概念和疆界。它是看似在我們之外的空無的虛空，客體所居住之空無的虛空，以及心之空無的虛空。阿賴耶沒有「內」或「外」，你無法說它是存在的（它是空無的），也不能說它是不存在的（它是實相本身）。它是無限的，無法被摧毀或創造，無生也無死。如果以語言描述它必然是矛盾的，因為它超越二元性和概念。試圖要以語言結構來理解阿賴耶已經是個錯誤，而且語言也無法傳達其真正的內容。

阿賴耶的「明」或「光」的面向，從個別眾生的角度而言，即是本覺——清淨的覺知。

阿賴耶就如天空，但它不同於天空，因為天空無有覺知，而阿賴耶既是覺知，也是空性。這並非要我們把阿賴耶當作一個可被覺知的主體，因為連那個覺知也是空性，空性即是明性，明性即是空性。在阿賴耶中既無主體，也無客體，無有任何其他的二元性或區別。

當太陽在夜晚下山時，我們會說黑暗來臨了。這黑暗是從感知者的觀點來說的，因為虛空一直是明淨和遍滿的，無論太陽升起或落下都不會改變它，因此並無所謂的黑暗的虛空和明亮的虛空，黑暗或明亮僅僅只是我們感知者的觀點。虛空中有黑暗，但是黑暗並不會影響虛空；當覺知的燈火點亮時，阿賴耶的虛空——根基，就為我們照亮了，但是阿賴耶永遠不會變暗。黑暗是障蔽的結果，是我們的覺知陷入無明之心的黑暗中。

心與物質

心和物質的本質都是阿賴耶，那麼，為何物質沒有覺知呢？為何眾生能夠證悟，物質卻不能呢？在大圓滿中，我們會以水晶和炭堆來解釋。水晶代表心，炭代表物質。

當太陽照射時，即使木炭籠罩在光中，也無法反射光芒，因為炭不具有這種能力，就如物質缺乏俱生覺性的反射能力。但是，當太陽照射在水晶上時，水晶能夠反射陽光，因為它本具這種能力，這是水晶的自性，這個能力能呈現出彩色的光芒。同樣地，眾生擁有俱生覺性的能力，眾生的心能反射出本初覺性的光芒，而本初覺性的潛能會展現在心的投射或本覺的清淨之光中。

第四章　了知

感官知覺是通往直接感知的門

在經教中提到，一般人無法透過直接的感知（現量）而了知空性，因此必須依靠推理的認知（比量）。從古至今的經教傳統，都有大量關於如何透過比量和正理來認識空性的討論，但只有少數的內容提到如何透過感知去認識心性。經典中提到，只有證得第三個道（見道）的瑜伽士，才能擁有空性的瑜伽現量，到了此階段，這樣的修行者就不再是凡夫了。

大圓滿的觀點是不同的。大圓滿教法提到，心性的「明」與「空」可以透過感官知覺直接領會，而且在這項心靈課題上，運用感官知覺會比「概念心」要容易且有效。感官知覺是通往直接感知的門，在被「概念心」攫取前，感官知覺比「概念心」更接近清淨的覺知。有某些經教釋論批評大圓滿的修行者過於執著光的境相等，他們認為即使是一般凡夫都能有這些境相。本來就是如此，因為我們認識到的心性存在於一切眾生之中。

通常我們會依賴智識去理解事物，讓我們因而滿足於概念。我們只是憑著聽到的一些話，但尚未直接經驗到文字所要表達的含意時，就已經受到臆斷的制約。我們不去依賴概念背後直接領會到的真相，而是參照自己建構的概念模式，並希望去理解它。這樣做很容易讓自己迷失在「活動心」之中，誤將地圖當作領土，或錯將指月的手指當作月亮。雖然我們對於實相會有深刻的描繪，但是我們最後也無法活在那個實相之中。

經由眼識、耳識、鼻識等可以經驗到心性。我們用眼睛看，其實不是眼睛在看；用耳朵聽，其實不是耳朵在聽。同樣地，經由眼識能經驗到心性，然而並非眼識在經驗心性。

「概念心」是修持的障礙

這個道理與所有的直接感知相同。眼識接收到的色相，並不同於「概念心」「認為」眼識所接收到的色相。眼識直接領會到的色相，比起「概念心」產生的感知模式，更接近根本實相。「概念心」無法直接感知，它只能透過投射的內心影像和語言去認知事物，然而這些都是根據推論而來。

例如，眼識看到我們稱為「桌子」的現象，其實我們接收到的並非「桌子」，而是鮮明的光和顏色的感官經驗。「概念心」並未直接接收到一個自然和有活力的現象——眼識經驗到的現象，而是製造出眼識經驗的內心影像。當我們說：「我看到了桌子」，其實我們看到的是內心影像中的桌子，這是「概念心」與直接感知最關鍵的差異。當閉上眼睛時，我們再也無法直接接收到「桌子」，所感知到的不再是直接感官呈現出的部分體驗，但是「概念心」會繼續投射桌子的影像，然而這與直接接收到的現象並不相同。「概念心」無須與當下的感官知覺同步，它能處於自己的造作之中。

「概念心」模仿直接的體驗，這種能力對人類雖然極為寶貴，卻是修持上最明顯障礙的成因之一。在直接體驗到心性的前後，世俗心會試圖將體驗概念化。就如本覺的體驗，一開始會受到形相和念頭，以及對於體驗現象的二元關係等的障蔽，因此將本覺概念化變成一種障礙。於是，當我們正經驗到與概念之間的關係時，就會以為自己已了知心性。

這並不是說直接的感官體驗即是心性。即使是赤裸的感知，我們仍有微細的傾向去認同自己是接收主體，這麼一來，體驗還是處於二元分立之中。但是在覺知與感知的對境接觸的第一剎那，赤裸的心性就在那個當下。例如，在受到極度驚嚇時，我們所有的感知在剎那間是開放的，我們並不去認同自己是體驗者或體驗。一般而言，那個剎那是一種無意識的狀態，因為在那個當下，我們認同的粗重「活動心」因驚嚇而進入止靜。然而，如果我們在那個剎那能保持覺知，無有「接收者」與「所接收之境」，只有純然的感知——無有念頭、內心運作，也無主體對於客體刺激的反應，只有開放的無二覺性，那麼這就是心性——本覺。

第五章 認識明性與空性

認知本覺

本覺的無二覺性體驗是非常美妙的，它脫離了輪迴之心不安的掙扎。這不是一種呆滯的平靜，相反地，它是完全的覺醒，它是光、開放、光耀和喜樂。由於虛幻自我的不安全感，以及虛幻自我所帶來的貪欲與瞋恨，我們沉溺在以自我為中心的各種追逐上，然而，當我們不再沉溺於此時，世界就會從自然的純淨中，展現出鮮明的、原有的美麗。對於能夠穩定安住於本覺的修行者來說，所有的體驗都成為心性的莊嚴，既非問題，也非困惑。

不過，認識本覺並非像吸毒或某種藥物帶來的快感，也不是因為做了某件事或改變自己而產生的，它更不是一種出神的狀態、脫離現實的幻相和眩目的光芒。本覺是我們已經擁有的，我們已經是本覺了，如果對本覺有所期待，我們就找不到它。期待是一種幻想，本覺就在當下，而我們卻回過頭去尋找。對於空性，你能有什麼期待呢？什麼也沒有。如果有所期待，只會帶來挫折。

空性的體驗就如虛空的體驗。在直接認知虛空時，這個認知就是明光——本覺；無法認知即是無明——輪迴的心。虛空是個好例子，因為在虛空中，沒有任何的參考物。雖然虛空什麼也沒有，卻有它的價值，我們可以在空間中建造佛塔或房子，只要空間足夠，就可以建造任何東西。虛空具有完全的潛能，它並無「上」或「下」、「內」或「外」、邊際或限制，這些都是我們將虛空概念化產生的所有特性，而非虛空本身具有的特性。我們對虛空的描述很有限，因此通常都是從「它不是……」的角度來描述。這與空性是相同的，雖然空性是所有存在事物的本質，但是你無法說它是什麼，因為它超越所有的特性、屬性或參考點。

無論我們在哪裡，不管在做什麼，都無法超出當下存在的範圍。向上看時，空性就在那裡，向左、右、後和向內看時，空性就在那裡。我們自心的本質——本覺，它了知這個本質，而且知道這就是了。有時我們渴望擁有心靈體驗，這是很好的，我們可以生起慈悲、練習觀想、修持布施或許多其他的修持。我們可以鍛鍊修道上概念面向的修持，也可以培養自身的某種特質；但是，本覺無法透過修持而得到。如果我們不了知自己當下的根基所在，除非停止尋找，否則是找不到它的。

就某個層次而言，迷惑並不存在，從來都不曾存在。萬事萬物的根基是清淨的，一直以來都是清淨的。我們可以達到直接的了悟，只是自己不知道而已。當我們進入修持之道時，會試圖要獲得這樣的知識，但「試圖」跟想法和努力有關，而且就某種意義而言，試圖、想法和努力與本覺的了悟是相違的。不付諸努力時，你會找到本覺，就連本覺找到本覺自身也是無須努力的。本覺完全不用努力，它是沒有造作的，它是任運圓滿的。在活動進行時，它是靜止的；當聲音出現時，它是寂靜的；在念頭生起時，它是無念的虛空。「試圖」是無明的業果，我們用「試圖理解」來償還無明習氣的「業」。但是，本覺超出「業」的範圍，它是根基的覺知，而「業」就發生在根基中。一旦我們認出並了悟本覺時，就不會再認同「業」的心了。

我們尋找的是比念頭、自身的體驗更接近自己的事物，因為明光是所有體驗的根基。所以當我們說「明光的體驗」，這是什麼意思呢？這完全不是一種體驗，而是一種虛空，其中有主觀的、睡眠的、做夢的和清醒的體驗。在阿賴耶的明光中睡覺和做夢，並非說我們擁有阿賴耶的體驗，阿賴耶的本質就是覺醒，認為阿賴耶是自己擁有的體驗，這是源於我們侷限的觀點。

一旦「活動心」消融於本覺的清淨覺知中，我們就會見到一直都存在的光，就會了悟自己的本來面目。接著我們會想，這是「我們的體驗」，這是由我們的修持所生。然而，這是在這境域中，生起了自己認識到自己的體驗，這是「子本覺」（son rigpa）了知「母本覺」（mother rigpa）——清淨覺知了知它自己。

平衡空性與明性

一般而言，我們會以正面的詞彙來表達「明光」，例如空性和明性，或開放和光明。雖然這兩個面相是從不分離的一體，但是為了幫助修持，我們可以將它們當作是必須平衡的兩種特質。

沒有覺知的空性就如無明睡眠——無有體驗的一片空白，空無一切的區別、實體等，其中也空無覺知。沒有空性的明性就如極度的紛亂，我們把體驗的現象視為堅實的身心主體，這種狀態會以焦躁的夢來呈現，持續地衝擊我們的覺知；到了晚上，這種狀態變成失眠。這兩種極端都不好，我們必須平衡空性與明光，如此既不會失去覺知，也不會陷在幻相中，而把在覺知中生起的一切視為堅實和獨立存在的事物。

辨別本覺與「概念心」

本覺永遠不會丟失，也永遠是本覺。我們存在的根基是遍在的、自生的和空性的本初覺性。但是，我們每個人都必須問自己：我是否直接了知這個本初覺性，還是因為心的暫時活動而偏離了它呢？每個人都必須回答自己，沒有人能告訴我們答案。

當我們投入內在進程時，我們並未處在本覺中，因為本覺是沒有進程的。進程是概念的「活動心」的功能，而本覺是毫不費力的。

本覺就如清晨的天空——純淨、開闊、寬廣、清澈、覺醒、清新和安靜，雖然本覺實際上並無任何的特質或屬性，然而，教法中建議修行者以這些特質來檢視自己的體驗。

第六章

世俗我

「世俗我」是存在的

從古至今，不同的宗教和哲學對於「我」(self) 一詞有不同的定義。苯波佛教非常強調「無我」(no-self) 和「空性」的教義，也就是萬法的究竟實相。不理解空性，就很難斷除我執的根源，也難以從它的界限中獲得解脫。

然而，當我們在心靈之旅學習時，我們也會學習到「自解脫」和「自了悟」(self-realization)，因此，當然是好像有個「我」在學習。我們可以提出理由說服別人「我」是不存在的，但是，一旦我們的生活受到威脅或擁有的某些事物遭到剝奪，我們所聲稱的不存在的「我」就會變得非常害怕或生氣。

根據苯波佛教的說法，「世俗我」是存在的，否則就沒有人在造業、痛苦和尋求解脫；然而，「俱生我」(inherent self) 是不存在的。無「俱生我」是指沒有一個永遠不變的核心獨立實體，雖然心性也是不會改變的，但它不應該與獨立的實體混為一談。獨立的實體（我）是一種比較難以摧毀的「我」的覺知；而心性不是個人擁有的物品，也不是一個個體，它是眾生自身的本質，也是所有眾生的本質。

我們再次以鏡子的反射作用為例。如果專注在反射的影像，我們就會指著兩個不同的影像說「這個影像」和「另一個影像」。這些反射的影像變大或變小，來來去去，我們會追隨鏡中的影像，把它們當作不同的東西，它們就有如「世俗我」。然而，影像並非獨立的實體，它們只是光的遊戲，是鏡子空性明光的無實幻相，它們會以不同的實體存在，僅僅是因為我們加諸於它們的概念。反射的影像是鏡子本質的展現，就如從存在根基（阿賴耶）的空性清澈之中，「世俗我」生起、安住和融返。

「世俗我」只是一個概念

你習慣認同的「世俗我」以及引生它的「活動心」，兩者都是流動的、有活力的、暫時的、無實質的、易變的、無常的，而且本來就不存在，就如鏡中的影像。如果你審視自己的生活，就會發現的確是如此。想像一下，當你填寫個人資料的表格，你寫下自己的名字、性別、年齡、住址、工作、婚姻和身體狀況。你透過測試來說明自己的個性和智商，並寫下個人的目標、夢想、信仰、想法、價值觀和恐懼。

現在請想像一下，如果這些東西全部都拿走，你還剩下什麼呢？再拿走你的朋友、家庭、國家和衣服呢？你失去運用語言表達和思考的能力，失去記憶和感覺。此時，你的「我」在哪裡呢？「我」是你的身體嗎？如果你失去手腳，靠人工心肺存活，腦部受損且失去了心智能力呢？你是在哪個時候停止了「我」？如果繼續剝去層層「我」的認同感和不同層次的屬性，到最後什麼也沒有留下。

現在的你並非一歲或十歲的你，甚至也不是一小時之前的你，沒有事物是不變的。在死亡時，看似不變的「我」在最後也消失了。當你再次出生時，已變成完全不同的人，有不同的身體、性別和心智能力。這並非說你不是一個眾生，你當然是，但是所有眾生都不是本具和獨立的存在。「世俗我」完全是集合體的一部分，以剎那、剎那的造作方式存在，就如川流不息的念頭從心的明性中生起，也如鏡中不斷展現的影像。念頭以念頭的方式存在，但是，當你在禪修中檢視它們時，它們就融入它們所生起的空性之中。「世俗我」也是如此，當你深入檢驗時，它僅僅只是一個概念，那就是將不斷變動事件的集合體，寬鬆地定義為「世俗我」。就如念頭持續地生起，我們暫時性的認同感也是如此，錯誤地認同「世俗我」，並將「我」當作四周環繞著客體的主體，這就是二元分立觀念的基礎，也是二元論的根源，我們由此而產生輪迴的無盡痛苦。

第七章 無實質自我的矛盾

如果眾生的根基是清淨的、空性的覺知，那麼「世俗我」和「活動心」到底是如何存在的呢？這個例子是我們每個人都有的經驗：當做夢時，整個世界都顯現，我們在其中擁有各種體驗。在夢中，我們認同自己是某個主體，而其他眾生顯然有別於我們，他們也擁有自己的體驗，並將看似真實的自己當成了「我」。夢中也有外在的物質世界，例如支撐我們的地板，身體也有感覺，我們能吃東西和觸碰物品。

當醒來之後，我們了悟夢僅僅只是自心的投射，它發生在我們的內心，由自心的能量所組成。但是，我們迷失在其中，而對於心製造的影像產生反應，就有如這些影像是真實的一般，而且存在於我們之外。我們的心能製造夢，並在夢中置入一個我們認同為「我」的個體，然後排除其他的人，甚至還會認同與我們的日常生活截然不同的主體。

同樣地，做為平凡眾生的我們，現在認同的「世俗我」也是心的投射，我們也與表象的客體和主體相連，這些其實是更深層的內心投射。存在的根基（阿賴耶）有能力顯現一切存在的事物，甚至能顯現那些偏離真實本性的眾生，就有如我們的心能在夢中投射出看似與我們分離的眾生。當我們醒來時，夢（世俗我）就融入清淨的空性和光燦的明性中。

結語

以體驗總結教法

對於西藏人而言，睡夢瑜伽並非共同的修持，它通常不會傳授給初學者，也不會在公開場合傳授；不過，現在的情況有所改變。我教導這些教法是因為有許多西方人有興趣於夢、做夢和夢的研究。他們的興趣是從心理學的角度切入，因此我希望透過這些教法的講述，幫助夢的研究進程能更深入。心理學方面有關夢的研究也許能為輪迴帶來更多快樂，這是很好的；但是，如果你的目標是要證得完全的了悟，那麼就要做更多的修持，這一點對於睡眠瑜伽更是重要。大圓滿的修持心髓，我們可以總結如下：生活中的每一刻，不論是清醒、做夢和睡眠，都要安住在純淨、「無二」的覺性中。這是通往證悟必然的道路，也是所有已了悟的大師經歷過的道路。這就是睡眠瑜伽的精髓。

如何才能擁有明光的體驗？我認為去思惟這個問題是很重要的，因為這與你對於教法的態度有關。所有教法都只有一個本質，我指的是本覺——明光。無論你學習多少東西、研讀多少法本、領受多少教法，如果你不了知這個唯一本質的話，那就是未抓到重點。西藏有句諺語：「你領受許多的教法，你的頭因為灌頂寶瓶的觸碰而變扁，然而，如果你不了知教法的心髓，一切都不會改變。」

當修行者無法直接了知心性，想要理解教法是很困難的。因為他們會認為這些教法好像在說明一些不可能的事情，這是因為心性超越了「概念心」，且無法透過「概念心」來領會。想要以概念來領會心性，這就有如透過研究陰影去理解太陽的本質，你或許可以學到一些東西，但是對於精髓仍然無所了知，這就是為何修持是很必要的原因。你必須超越「活動心」，然後直接去了知心性。

有些人蒐集許多的教法，到頭來卻覺得負擔很重，這是基於對於修道的誤解。你可以持續地學習和領受教法，不過要培養足夠深度的理解，那麼你就可以汲取對你有幫助的教法。一旦你理解並運用教法，教法就不是一項義務，而是通往解脫的道路，遵循這樣的道路能夠帶來喜悅。教法會成為負擔是因為我們不理解教法的目的，而陷在它的形式之中。因此，學習如何總結教法是必要的，這不是透過文字或概念，而是由體驗而來。

就另一方面而言，別讓自己陷在修持中。這是什麼意思呢？如果你持續修行卻得不到成果，生活也沒有改善，這表示你的修持並未起作用。如果你只是做一些手勢動作，而不理解其中的意義，那麼就別以為自己是在修持，無意義修法的成就是有限的。如果要領悟某個修持，你需要透徹地理解修持的意義，確定修持的本質及其運用的方法。

佛法其實是很靈活的，但這並不意味著你要把傳統拋到一邊，然後按照自己的方式修持。這些修持很有力量和成效，它們是無數人們證得解脫的工具。如果修持並未發揮作用，我們就應該透過實驗去了解修持的目的，最好的方法是請示你的上師。一旦你理解修持，就會發現修持的形式不是重點，但修持卻必須透過形式的應用來完成。修持是針對你的，而不是你去針對它。學習修持的形式，理解它的目的，運用在修持中，最後就能獲得成果。

發現自己就是佛

你會在何處結束修持呢？在死亡和中陰的過程中。死後的中陰就如每個人在前往下一個旅程前，必須通過的主要機場。中陰是輪迴與涅槃的交界，安住在無二覺性的能力就是進入涅槃的護照。如果你在睡眠時，不曾有過明光的體驗，就會很難在中陰時越過輪迴，這就有如沉睡覆蓋了明光，念頭的厚重毯子遮蔽了本覺。如果你可以融入睡眠的明光，那麼，也可以融入死亡的明光。融入睡眠明光就如通過了期中考，這表示你的表現很好，因此有可能通過中陰的期末考。融入死亡明光的含意是：你發現自己就是佛，並且直接了悟所生起的一切顯相都是無自性的。

本覺的覺知會從這一世延續到下一世，所以現在就練習去體驗它、變成它，並且安住於其中。這就是「道」（path）——明性與無滅智慧的相續，所有的證悟者和成佛者都是跨越了邊界，進入了明光。了知這一點，你就知道要做什麼準備。儘量去了解教法的整個意義，認識到自己所處的位置和目標，那麼你就會知道如何運用它們，知道在何時運用什麼教法，以及會帶來什麼結果。教法就如地圖，能指引你的去向，並指出在何處可以得到想要的東西。地圖讓你一目了然，若無地圖，你就會迷路。

祈願自己在死亡時能與明光結合；祈願每個人在死亡的時刻都能與心性結合。祈願的力量是很強大的，當你祈願時，培養了自己的動機，祈願也會讓你朝著證悟前進。

每個眾生都體驗過片刻的平靜和喜悅。對你而言，如果明光似乎是個遙遠的目標，那麼，至少要持續地保持在平靜和喜悅的正面體驗之中。那種體驗有可能是你憶起上師或空行母時，會感到喜悅；或接近大自然的優美時，會感到快樂，將這些都當作是修持，時時刻刻都要生起感恩的心。明光是奧祕體驗的頂峰，它是大喜悅和大平靜。所以，把喜悅和平靜當作是需要維持的特質，把它們當作是培養相續覺知的依止。去感受體內這些特質，在這世間感受到它們，並且希望他人也能擁有這些特質。透過這個作法，你在生起慈悲和正面特質的同時，也能培養覺知。

生活與修持能夠融合的關鍵在於持續性，有了覺知和意願，就能培養持續性。有了持續性，你的生活就會不同，就能為周遭的生活帶來正面的影響。

睡夢瑜伽是認識明光，以及安住於生活中每一刻（清醒、禪修、做夢、睡眠和死亡）的方法。基本上，教法的目的是要幫助我們認識心性，理解並且克服修持上的障礙，然後全然地安住於本覺中。我們可以運用同樣的方法安住在喜悅中，在混亂的世界中尋得平靜，活得很美好，珍惜此人身中有活力的每一刻。

許多成就大師都曾寫道，他們在修持多年後，才穩定地圓滿睡眠瑜伽的修持，所以如果你在第一次或一百次之後都無任何體驗，請別灰心。僅僅是想要修持的意圖都是有益的，任何能為生活帶來更多覺知的方法都是有幫助的。想要達到目標就需要長時間持續性的意願和修持，別讓自己灰心，以強烈的意願和歡喜的精進，全心全意地投入修持，你的生活一定會變得更好，也一定能達成這些修持。

我希望閱讀本書的讀者都能在書中發現夢和睡眠的新知識，這不但能增益你的日常生活，而且於究竟上能引領你通往證悟。

致謝詞

我要感謝那些幫助本書付梓出版的人。首居其功的是馬克・達比（Mark Dahlby），他是我的弟子和好朋友，我很享受與他工作的過程。我們在柏克萊（Berkeley）附近的咖啡廳，花了許多時間討論不同的議題。沒有他的協助，這本書不可能誕生。

接著，我要感謝史蒂文・顧門（Steven D. Goodman），他是我的同事和朋友，他為本書的初稿提出許多好建議。蘇・艾里斯・戴爾（Sue Ellis Dyer）和克里斯・貝克（Chris Baker）為本書的初版提出編輯方面的建議。蘇・戴維斯（Sue Davis）和蘿拉・謝凱琴（Laura Shekerjian）幫忙閱讀本書，並給予意見回饋。雪獅出版社（Snow Lion Publications）的克莉絲汀・考克斯（Christine Cox）以資深編輯的角色付出她的專業，使本書變得更好。

在本書第 101 頁、第 132 頁的禪修和夢瑜伽（dream yoga）姿勢照片的攝影是安東尼・李斯塔（Antonio Riestra），模特兒是露絲・薇閣拉（Luz Vergara）。第 129 頁的脈輪圖解是由莫妮卡・歐提葛（Monica R. Ortega）所設計。我也要答謝那些在此未列出名字的人，謝謝你們給予我各方面的協助。

附錄

附錄一

夢瑜伽修持的綱要

四個基礎修持

改變習氣

一整天都要持續地保持在「所有體驗都是夢」的覺知中。將一切事物視為夢中的事物，將所有的活動視為夢中的活動，將所有的人視為夢中人。觀想自己的身體是透明的幻化之身，想像自己整天都處於明性夢之中。別讓這些提醒落入空泛的重複性中，每次告訴自己「這是夢」時，你的體驗真的會變得更為清明。讓你的身體和感覺更處於當下。

去除貪執與瞋恚

將那些引起貪欲和執著的所有事物，視為幻化、空性和光燦的夢的現象。要認識到你對於現象的反應都是夢，所有的情緒、評判和偏好等都是你夢出來的。如果你的修持正確，當一想起自己的反應是夢時，你的貪欲和執著就會減少。

✣強化動機

在入睡之前，反省自己的一天，審視自己今天的修持。回憶起白天的事物，然後認知這些都是夢的記憶。生起強烈的動機：「我要在今晚的夢中保持覺知。」全心全意地生起這樣的意願，深切地祈願自己能夠成功。

✣培養記憶力與歡喜的精進

一早起來就要抱持著「我要保持修持」的強烈意願。回顧夜晚的修持狀況，如果你記得夢的內容或在夢中能保持清明，就要為自己感到高興。如果並未產生清明的話，生起想要達到清明的動機。若有清明的話，就生起想要更為增長的動機。繼續修持。無論是白天或晚上，祈願自己能修持成功是很好的。儘量地生起強烈的動機。這是修持的關鍵。

睡眠前的前行修持

✣九節佛風

躺下來睡覺前，維持禪修坐姿，做九次淨化的呼吸。

❖上師相應法

修持上師相應法。生起強烈的虔敬心，然後將自心與上師的清淨覺知合而為一。究竟的上師就是本初覺性——你的真實本性。

❖營造「護佑」的神聖環境

以正確的姿勢躺下，男性右側臥，女性左側臥。觀想空行母圍繞在身邊，保護著自己；透過觀想，將房間轉變為一個受到護佑的殊勝之地。讓呼吸和緩下來，讓心平靜，在你能放鬆和安住在當下之前，持續地觀照自心，別因為內心的故事情節和幻想而分心。生起強烈的動機，祈願能擁有一個鮮明的、清晰的夢，能記住夢境，並能在夢中認出這是夢。

主要修持

❖將覺知帶到中脈

夜晚第一階段的修持，專注在喉輪，觀想喉輪有一個清淨、透明和水晶般的「ཨ」（啊）字，「ཨ」字站立於四片紅色花瓣上，而且被紅色花瓣映照成紅色。觀想自己融入紅光之中。

✣增強明性

大約兩小時後醒來。以同樣的獅子臥姿，修持七次呼吸。在睡著時，專注在額輪的白色明點。接著讓白光消融一切事物，直到你和光合而為一。

✣強化覺知

大約又兩小時後，再度醒來。躺在高枕頭上，雙腿舒服輕鬆地交叉。專注在心輪黑色的「ཧཱུྃ」（HUNG，吽）字，做二十一次深長、和緩的呼吸。融入黑色的「ཧཱུྃ」字，然後睡著。

✣增長無懼

兩小時後再度醒來。無須採取特別的姿勢和呼吸，專注地觀想在密輪（生殖器的後面）上有個黑色光亮的明點。睡著的同時，融入黑色的光中。

每次醒來都要試著保持覺知並進行修持。早晨醒來時，也就是晚上最後一次醒來，讓自己即刻保持覺知。回顧前一晚的修持，生起動機，然後在白天持續修持。此外，在白天騰出時間修持「止」是很有幫助的，這會幫助心的平靜和專注，對於其他的修持也有幫助。前行修持和主要修持兩者最重要的要點是：盡可能地在白天與夜晚持續地保持覺知。這就是睡夢瑜伽的精髓。

附錄二

詞彙表

三畫

上師（lama；藏bla ma；梵guru）：「lama」的字義是「至高無上的母親」（highest mother）。「上師」是指心靈導師，對於修行弟子而言，上師是無比重要的。西藏的傳統認為，上師的重要性遠甚於佛陀，因為上師為弟子展現了活生生的教法。在勝義（究竟）的層次上，上師是修行者自身的佛性；而在世俗（相對）的層次上，上師是修行者的老師。

三昧耶（samaya；藏dam tshig；梵samaya）：「samaya」字義是指承諾（commitment）或誓約（vow），通常是指修行者立下密續修持方面的誓約，這誓約跟態度和行為有關。有一般的誓約和針對密續修持的特殊誓約。

三根本毒（three root poisons）：在痛苦之域中，無明、瞋恚和貪欲這三種根本煩惱永遠存在於生命相續之中。

大圓滿（Dzogchen／great perfection／great completion；藏rdzogs chen）：「大圓滿」被認為是苯教和藏傳佛教寧瑪派的最高教法，其基本教義是實相（reality），即包含個人在內，本來就是完整的、圓滿的，沒有任何事物需要被轉化（密續的說法）或出離（經典的說法），只要認識到真正的狀態即可。大圓滿的主要修持是「自解脫」（self-liberation）：在體驗中生起的一切，就讓它如實地存在，不以「概念心」（conceptual mind）加以造作，對它不生貪執或厭惡。

四畫

止（zhiné；藏zhi gnas；梵śamatha）：「止」是指「平靜的安住」（calm abiding）或「止靜」（tranquility）。修「止」是將心專注於外在或內在的對境上，藉以培養專注力和內心的穩定。「止」是基礎修持，是增長所有其他更高禪定的基礎，也是培養睡夢瑜伽的必要基礎。

化身（**nirmanakaya：藏sprul sku：梵nirmā-nakāya**）：化身是法身「化現之身」（emanation body），通常是指肉眼可見、有形體之佛的化現。此詞有「身體」（physicality）層面的意涵。

仁波切（**rinpoche：藏rin po che**）：「rinpoche」字義是指「珍貴的人」（precious one）。廣泛用來尊稱轉世的上師。

心意伏藏（**gong-ter：藏gong gter**）：西藏有伏藏（terma）的文化傳統，也就是當時的成就者為了利益後世的人，將聖物、法本或教法埋藏起來，以便讓後世的人再將伏藏發掘出來。發掘伏藏的密續成就者稱為「伏藏師」（terton），亦即「找到伏藏的人」。伏藏可能被埋藏在實質的地點，例如山洞或墓地；也會埋藏在水、木、地或空的元素之中；或者在夢中、淨觀中，以及直接在深層的心識中。最後的這一種就稱為「心意伏藏」。

中陰（**bardo：藏bar do：梵antarabhāva**）：「bardo」意指「中間的狀態」（in-between state），以及各種存在的過渡狀態，例如生命、禪修、做夢和死亡。不過，最普遍的說法是指死亡和再生之間的狀態。

六道輪迴（**six realms of cyclic existence：藏rigs drug**）：「六道輪迴」通常是指「六道」（six realms）或六種世間（six lokas）。「六道」是指六類眾生：天人、阿修羅、人類、畜生、餓鬼和地獄眾生，在六道的眾生就必然會受苦。六道是實際的處所，眾生在其中出生；六道也是各種經驗和感情束縛的潛在體驗，這些潛在體驗形成並侷限我們現在的生活。

五畫

仙拉・歐喀（**Shenla Odker：藏gShen lHa 'od dkar**）：仙拉・歐喀是仙饒・米沃的報身，後者是創立苯教的佛。

仙饒・米沃（**Shenrab Miwoche：藏gShen rab mi bo che**）：創立苯教的化身佛，相傳仙饒・米沃

曾在一萬七千年前住世。在苯教文學中，有關仙饒．米沃的傳記一共有十五卷。

世間（**loka**：**藏'jig rten**）：「loka」字義是指「世界」（world）、「世界體系」（world system）。在英文中通常是指輪迴的六道，但是此字實際上是指更大的世界體系，其中的一個體系是六道。（參見「六道輪迴」）

本尊（**yidam**：**藏yid dam**：**梵devatā**）：本尊是具有證悟心的守護神或禪修尊。本尊可分為四類：寂靜（息）、增強（增）、力量（懷）和忿怒（誅）。本尊示現這些不同的形象來克服特定的負面力量。

本覺（**rigpa**：**藏rig pa**：**梵vidyā**）：「rigpa」字義是指「覺性」（awareness）、「了知」（knowing）。在大圓滿的教法中，本覺的含意是指實相的覺性、俱生覺性，以及個別眾生的真實本性。

八畫

空行母（**dakini**：**藏mkha' gro ma**）：「空行母」的藏文是「khadroma」，字義是指「遨遊在天空的女性」（female sky-traveler）。「天空」（sky）是指空性，因為空行母遨遊在空性之中，即空行母全然地了悟空性——究竟實相。空行母可以是一位已經了悟自身真實本性的女人、非人女性和天女，或是證悟心的直接展現。空行母也可指出生在空行母之域的一類眾生。

明點（**tiglé**：**藏thig le**：**梵bindu**）：「明點」有許多不同的意義，要視情況而定。雖然通常譯為「滴」（drop）或「精華之點」（seminal point），但是在睡夢瑜伽中，明點是指一個明亮的光點，代表心識的特質，可作為禪修的專注焦點。

九畫

虹光身（**jalus**：**藏'ja lus**）：完全了悟大圓滿的徵兆即是證得虹光身。已經了悟的大圓滿行者，不再受到表象的堅實性或心物二元論的迷惑。他們在死亡時，釋放出組成肉身的元素能量，身體本身消融，而只遺留頭髮和指甲，修行者有意識地進入死亡。

法身（dharmakaya：藏chos sku）：佛有三身——法身、報身和化身。「法身」通常被譯為「真理之身」（truth body），意指佛的勝義自性，這是諸佛共有的，而且與一切存在的勝義自性（空性）是相同的。法身是無二元的、無概念化的，而且毫無特性。（參見「報身」和「化身」）

施身法（chöd：藏gcod）：「chöd」字義是指「斬斷」（to cut off）、「切斷」（to cut through），也稱為「運用恐懼的法門」（expedient use of fear）和「布施的培養」（cultivation of generosity）。施身法是一門儀軌修持，意指修行者慈悲地供養自己的身體和自我給其他眾生，藉此去除修行者對於自己的身體和自我的所有執著。為了達到此目的，在修持時要用心召請各類的眾生前來，接著，修行者要觀想切割和轉化自己的身體作為供養的物品。施身法要以優美的旋律來唱誦，也要使用鼓、鈴和人腿骨做成的法器。通常修行者都會選在能夠引起恐懼的地方來修持施身法，例如墳場、墓地和無人的深山。

十畫

氣（lung：藏rlung：梵vāyu）：「氣」是生命力之風的能量，在西方通常認識的是另一個梵文字「prana」。「氣」的含意很廣，在本書中是指生命的能量，是身體的生命力和心識的依靠。

十一畫

脈（channel：藏tsa：梵nādi）：「脈」是身體能量循環體系的「血管」（vein），透過細微能量在脈裡的流動，便可維持生命並賦予生氣。「脈」本身具有能量，但是我們無法在肉體中看到。然而，透過修持或天生的敏銳度，我們可以在體驗中覺察到它。

教法（dharma：藏chos）：「dharma」的用法很廣泛，有許多的含意。在本書中，此字意指源自諸佛和心靈之道的心靈教法。此外，也有「存在」（existence）的意思。

習氣（**karmic trace：藏bag chags**）：眾生採取的身、語、意的每個行為，如果帶有瞋恚或貪欲的動機，即使是非常微細，都會在心流中留下痕跡。這些習氣的累積會決定眾生本身會擁有的每一刻體驗，無論是善或惡。

苯教（**Bön：藏bon**）：苯教是西藏本地的心靈傳統，在印度佛教傳入之前就已存在。苯教傳統主張他們有一萬七千年的無間斷傳承，然而有些學者並不同意這項說法，這種情形類似藏傳佛教各派的情況，特別是寧瑪派。苯教的特色是濃厚的薩滿教傳統的特殊圖像，以及溯及仙饒．米沃佛（Buddha Shenrab Miwoche）的分支傳承，而非釋迦牟尼佛的傳承。

苯教的九乘包含實用的教學內容，例如文法、占星術、醫藥、預言、安撫神鬼等，此外，還包括因明（邏輯）、認識論、玄學、不同層次的密續和完整的大圓滿傳承。

密續（**tantra：藏rgyud**）：密續如同經典，皆是諸佛的教法，但是許多密續都是由伏藏傳承（terma tradition）的瑜伽士重新發掘。密續的基礎是轉化之道，其中的修持包括鍛鍊身體的能量、心識的遷移、睡夢瑜伽（dream and sleep yogas）等。密續中有某些類別的教法是屬於非漸進式的轉化之道，其中包含了「大圓滿」。

十二畫

報身（**sambhogakaya：藏longs sku：梵sambhogakāya**）：報身是佛的受用身（enjoyment body），完全由光所組成。密續和經典的修持中，經常觀想報身的形象。在大圓滿中，比較常觀想法身的形象。

無明（**ignorance／ma-rigpa：藏ma rig pa：梵avidyā**）：「無明」是缺乏對實相和「基」（阿賴耶）的認識。無明通常分為兩類：俱生無明和文化無明。

象雄年居（**Zhang Zhung Nyan Gyud：藏Zhang Zhung snyan rgyud**）：苯教中最重要的大圓滿教法系統之一，屬於教法中的「優婆提舍」

（upadesha，論議）系統。

十三畫

業（karma：藏las）：「karma」字義是「行為」（action），更廣義的解釋是「因果法則」。任何身體、語言或內心的行為都是「種子」，在因緣成熟時，種子會在未來結成果實。善行得到善果，例如快樂；惡行得到惡果，例如不快樂。「業」不代表宿命，但是現在的因緣是由過去的行為所造成的。

塔比日扎（Tapihritsa：藏ta pi hri tsa）：塔比日扎相傳是歷史人物，他的畫像象徵著法身佛，全身赤裸而且不戴任何飾物，象徵勝義實相。他是「象雄年居」大圓滿傳承的兩位主要上師之一。

經典（sutra：藏：mdo）：歷史上的佛陀（譯按：即釋迦牟尼佛）親口講述之教法的結集。經典中的教法是以出離之道為根基，然後形成僧伽生活的基礎。

阿賴耶（kunzhi：藏kun gzhi）：在苯教中，「kunzhi」（阿賴耶）是一切存在（包含個人）的根基。這不是瑜伽行派（Yogacara）中「alaya vijnana」（阿賴耶識）的同義詞，「alaya vijnana」比較接近「kunzhi namshe」（參見「阿賴耶識」）。阿賴耶是空性與明光的結合，是完全開放無限的究竟實相，以及顯相與覺性的不滅展現。阿賴耶是眾生的根基或基礎。

阿賴耶識（kunzhi namshe：藏kun gzhi rnam shes：梵ālaya vijJāna）：阿賴耶識是個別眾生的本識（base consciousness）。它是儲藏習氣的儲藏室或倉庫，未來因緣的體驗即從阿賴耶識產生。

十四畫

瑜伽士（yogi：藏rnal 'byor pa）：禪修瑜伽的男性修行者。

瑜伽女（yogini：藏rnal 'byor ma）：禪修瑜伽的女性修行者。

十五畫

輪迴（samsara；藏'khor ba）：輪迴是因為封閉和二元的心而形成的痛苦之境。在輪迴中，所有的事物都是無常、本來就不存在，在其中的所有眾生都在受苦。輪迴中有循環存在的六道，但是更廣義的說法是指眾生存在的特有模式，他們陷入無明迷惑和二元的痛苦之中。當眾生徹底從無明解脫出來時，輪迴就終結了，這就是涅槃。

脈輪（chakra；藏khor-lo；梵cakra）：「chakra」字義是指「輪」（wheel）、「圈」（circle）。「chakra」是梵文，意指身體的能量中心。脈輪位在數條能量通道（脈）的交會處，不同的禪修體系會練習不同的脈輪。

二十一畫

護法（guardian；藏srung ma／chos skyong；梵dharmapāla）：「護法」即誓願守護教法和教法修行者的男女眾。他們有可能是世間的保護者，或是證悟者的忿怒化現。密續行者通常會安撫並仰賴自己所屬傳承的護法。

附錄三

參考書目

藏文法本

Ma rgyud Sangs rgyas rgyud gsum

1: *Ma rgyud thugs rje nyi ma'i gnyid pa lam du khyer ba'i 'grel pa*

2: *Ma rgyud thug rje nyi ma'i rmi ba lam du khyer ba'i Hgrel pa*

A-khrid thun-mtshams bcu-lnga dang cha-lag bcas

Zhang Zhung Nyan rgyud bka' rgyud skor bzhi

英文書籍

Dalai Lama. *Sleeping, Dreaming, and Dying An Exploration of Consciousness with the Dalai Lama*. Edited and narrated by Franciso Varela. Translations by B. Alan Wallace and Thupten Jinpa. Boston: Wisdom Publications, 1997.

Shardza Tashi Gyaltsen. *Heart Drops of Dharmakaya: Dzogchen Practice of the Bön Tradition*. Translation and commentary by Lopon Tenzin Namdak. Ithaca: Snow Lion Publication, 1993.

Namkhai Norbu Rinpoche. *Dream Yoga and the Practice of Natural Light*. Edited and introduced by Michael Katz. Ithaca: Snow Lion Publication, 1992.

Venerable Gyatrul Rinpoche. *Ancient Wisdom: Nyingma Teachings on Dream Yoga, Meditation, and Transformation*. Root text translations by B. Alan Wallace. Commentary translations by Sangye Khandro. Ithaca: Snow Lion Publications, 1993.

丹津・旺賈仁波切的著作

Tenzin Wangyal Rinpoche. *The Wonders of the Natural Mind*. Foreword by H. H. the Dalai Lama. Barrytown: Station Hill Press, 1993.

丹津・旺賈仁波切在美國、墨西哥和歐洲許多地方弘法。
如果你想要查詢關於他和其他上師的行程，請洽詢：

The Ligmincha Institute
P.O. Box 1892
Charlottesville, Virginia 22903 USA

電話：(804) 977-6161　　傳真：(804) 977-7020
網址：www.ligmincha.org　　電子信箱：ligmincha@aol.com

觀自在系列 BA1024R

西藏睡夢瑜伽

作者——丹津・旺賈（Tenzin Wangyal）仁波切
譯者——林如茵
責任編輯——于芝峰
特約主編——釋見澈・曾惠君
設計構成——吉松薛爾
校對——曾惠君・魏秋綢

發行人——蘇拾平
總編輯——于芝峰
副總編輯——田哲榮
業務發行——王綬晨、邱紹溢
行銷企劃——陳詩婷

出版——橡實文化 ACORN Publishing
發行——大雁出版基地
地址——臺北市松山區復興北路333號11樓之4
電話——(02)27182001　傳真——(02)27191308
劃撥帳號——19983379
戶名——大雁文化事業股份有限公司
讀者服務信箱——andbooks@andbooks.com.tw
讀者傳真服務——(02)27181258

印刷——中原造像股份有限公司
二版一刷——2023年8月
定價——450元
ISBN——978-626-7313-37-4（平裝）

國家圖書館出版品預行編目（CIP）資料

西藏睡夢瑜伽／丹津・旺賈（Tenzin Wangyal）仁波切著；林如茵譯. -- 二版. -- 臺北市：橡實文化出版：大雁文化發行, 2023.08

272面；17×22公分

譯自：The Tibetan yogas of dream and sleep

ISBN 978-626-7313-37-4

1.CST：藏傳佛教 2.CST：佛教修持 3.CST：夢

226.965　　112011436

The Tibetan Yogas of Dream and Sleep by
Tenzin Wangyal Rinpoche.